Food Security in the Era of Agflation

애그플레이션 시대의
식량안보

양승룡 · 김원용 · 이춘수
김태화 · 김상덕 · 김건아 · 전기석 지음

KYOWOO

프롤로그

2022년 5월 국제 밀 가격이 부셸 당 13달러를 넘어 사상 최고가를 찍었다. 이는 역대 평균 가격의 3배를 넘는 수준이다. 같은 해 2월 러시아의 우크라이나 침공으로 시작된 밀 가격 상승은 여타 식량 작물과 원자재 가격으로 옮겨붙어 전 세계가 또다시 애그플레이션 몸살을 앓기 시작했다.

세계인구의 절반이 주식으로 하는 밀 가격의 상승은 특히 저소득 개도국의 식량안보에 치명적인 영향을 미친다. UN에 의하면 하루 2달러 이하 소득으로 연명하는 극빈층이 10억 명에 달한다. 이들에게 곡물 가격 상승은 생존을 위협하는 사안이다. 산술적으로 50%의 가격 상승은 끼니를 절반으로 줄여야 하는 것을 의미한다. 거의 모든 소득을 먹는 것에 써야 하는 이들에게 교육이나 문화생활은 꿈도 꿀 수 없는 사치품이다. 인간으로서 가져야 할 최소한의 소비도 허용되지 않는다.

한정된 예산으로 운영되는 UN의 식량 지원사업도 같은 어려움을 겪는다. 곡물 파동은 단순히 라면이나 짜장면 가격의 인상을 넘어 생존을 위협하고 국제 질서를 뒤흔드는 심각한 사안이다. 2006년 발생한 애그플레이션은 전 지구적 식량 폭동과 북아프리카의 자스민Jasmin 혁명을 촉발하여 여러 부패하고 무능한 정권을 붕괴시킨 바 있다. 애그플레이션은 먹거리 인권을 침해하고 계층 간, 국가 간 갈등과 물리적 충돌을 촉발하는 치명적 문제다. 식량의 안정적 공급이 삶의 기본인 동시에 국가 존립의 근본인 이유다.

식량 가격 급등락은 날씨의 영향을 많이 받는 농산물 시장 특성상 항상 있는 일이다. 1950년대 녹색혁명 이후 세계는 여러 차례의 커다란 가격 급등을 경험했다. 그러나 대부분 냉해나 병충해로 인한 생산 급감에서 발생한 과거의 경우 재배면적 증가와 재고 관리정책으로 수개월 내지 1년 이내에 원상 복귀되었다. 그러나 2006년부터 7년간 이어진 곡물 파동은 여러 측면에서 과거와 매우 다른 패턴을 보인다. 세계적 투자은행 메릴린치Merrill Lynch가 '농산물가격에 의한 물가상승'이라는 뜻으로 애그플레이션Agflation으로 명명한 곡물 파동은 구조적이고 장기적인 식량 위기의 징조를 나타내고 있다. 전 지구적 식량안보에 빨간불이 켜진 것이다.

2006년 애그플레이션은 밀과 옥수수 생산이 사상 최대 상태에서 발생했다. 이는 과거와 달리 생산이 아니라 수요 요인에 의해 발생한 것을 의미한다. 흔히 수요를 증가시키는 요인으로 인구 증가와 경제성장에 따른 소비 증가를 든다. 그러나 이러한 요인들은 서서히 움직이는 변수slow moving variable이기 때문에 애그플레이션 같은 충격을 주지 못한다.

애그플레이션의 근본 원인은 2005년 8월에 발표한 미국의 에너지정책법Energy Policy Act of 2005에 있다. 미국은 석유 의존도를 낮추고 에너지 안보를 제고시키기 위한 대안으로 바이오에너지를 선택하고, 이를 위해 에탄올 생산에 보조를 주는 한편, 수입관세를 부과하여 국내 생산을 장려하였다. 2012년까지 일정 규모의 바이오에탄올 생산을 명시한 이 법으로 세계 최대 수출국인 미국 옥수수의 35%에 이르는 물량이 에탄올 생산에 투입되면서 시장에 엄청난 충격을 주고, 수급 구조를 근본적으로 바꾸는 계기가 되었다.

곡물 가격 상승은 대규모 투기적 거래를 불러왔다. 2008년 미국 서브프라임subprime 사태로 달러 가치가 하락하면서 달러로 결제하는 상품의 가격이 상승하였고, 금융시장에서 이탈한 투기적 자본이 곡물 시장에 진입하면서 사상 초유의 급등세가 발생하였다. 세계화로 불리는 금융시장개방은 투기자본에 날개를 달아준 꼴이다.

필자들의 분석에 의하면 미국의 에너지정책법은 국제 옥수수 가격을 2.9배 상승시킨 것으로 나타났다(이 법이 없었을 경우와 비교해서). 이는 기존에 미국 정부의 예산으로 미국 농업을 지원하던 것에서 전 세계 소비자가 미국 농업을 지원하게 되었음을 의미한다. 이 소비자에는 하루 벌어 하루 먹고 사는 극빈층이 포함된다. 미국의 에너지정책법이 얼마나 비인간적이고, 식량안보가 왜 중요한지를 생생하게 보여주는 사례의 하나다.

애그플레이션이 구조적이라 함은 단기적이고 일시적인 것이 아니라 장기적이고 체계적인 것을 의미한다. 생산 측면에서는 기상변화로 인해 생산 차질이 더욱 빈번해지는 반면, 재배면적의 제약과 생산기술의 정체, 부족한 수자원 등이 초과수요에 대한 즉각적인 대응을 어렵게 할 것이다. 소비 측면에서는 인구 및 경제성장과 함께 증가하는 곡물 소비와 곡물을 원료로 하는 축산물 소비, 화석연료의 대안으로 등장한 바이오에너지 정책이 만성적인 수급불균형을 초래할 것이다. 러시아의 우크라이나 침공과 같은 돌발적 상황도 곡물 시장을 혼돈에 빠뜨리는 결정적 요인이 된다. 여기에 금융시장의 불확실성이 투기적 자본을 지속적으로 상품시장으로 유인하고 있다. 거시 경제적 변화가 구조적인 문제로 고착될 경우 국제 곡물 시장은 장기적으로 더욱 복잡하고 불안정한 모습을 보일 것이다.

애그플레이션은 다양한 변수들이 동시에 작동하는 사건이다. 그러나 우연히 발생한 사건이라기보다는 잘못된 에너지정책과 무책임한 금융정책, 그리고 기후변화의 원인인 산업화의 결과물이라는 측면에서 인재(人災)이며, 따라서 통제 불가능한 것은 아니다. 문제의 심각성을 인식하고 원인을 정확하게 분석하는 한편, 지구적 협력체계를 구축하는 노력이 필요하다.

이 책은 지난 20년간 필자들의 연구 결과를 바탕으로 한국의 식량안보 상황을 분석해 만성적 식량 위기의 시대를 어떻게 대비하고 준비해야 할 것인지를 종합적으로 조망하였다. 식량안보의 정의와 개념, 식량안보 상태를 객관적이고 일관된 방식으로 측정하는 방법, 이를 이용한 한국을 비롯한 주요국들의 식량안보 현황, 그리고 식량안보를 강화하기 위한 정책과 제도를 제시하고 있다. 식량문제를 다루는 정책 담당자는 물론, 관련 분야를 공부하는 학부생과 대학원생, 그리고 식량안보에 진심인 사람들은 누구나 어렵지 않게 읽을 수 있게 저술하였다. 이 책은 목차와 상관없이 관심 주제를 바로 펼쳐 들어도 무방하다. 부디 이 책이 OECD 국가 중 식량자급률 최하의 불명예를 오랫동안 유지하고 있는 대한민국의 운영 기반, 식량안보를 튼튼하게 하는 방향타가 되길 바란다.

애그플레이션 시대의 식량안보

CONTENTS

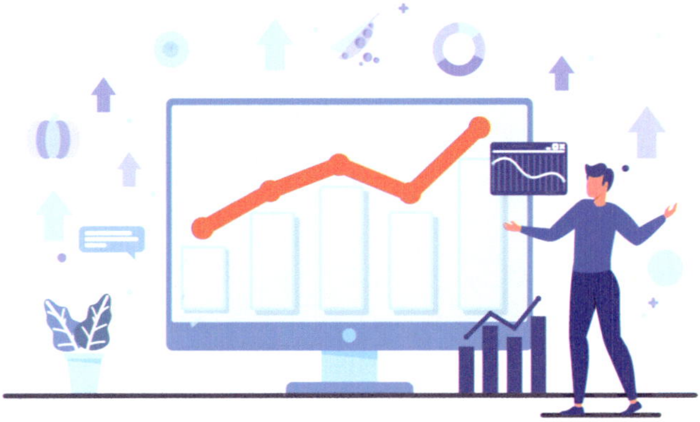

Part Ⅲ | 식량안보 현황

Part Ⅳ | 식량안보 정책과제

PART I

식량안보의 이해

1 식량안보 개념

현실적으로 식량안보에 대한 다양한 개념과 정의가 존재한다. 세계보건기구World Health Organization는 식량안보를 "모든 사람이 식품에 대해 물리적, 경제적으로 충분한 공급이 이루어질 수 있는 상태에 도달하는 것"으로 정의한다. 이 정의는 필요한 식량에의 접근성에 초점을 두고 있다. 그 외 미국국제개발처United States Agency for International Development, 세계은행World Bank 등의 정의도 있지만, 가장 많이 인용되는 것은 1996년 세계식량정상회의World Food Summit에서 합의된 정의이다.

> 식량안보란 활동적이고 건강한 삶을 위해 필요한 섭취와 식량의 선호를 만족시키면서, 충분하고 안전하며 영양 많은 식량에 물리적, 경제적으로 모든 사람이 언제나 접근 가능한 상태를 의미한다.

세계식량정상회의의 구체적이고 다소 도전적인 이 정의는 식량안보란 필요한 식량의 가용성availability, 접근성accessibility, 활용성utilization, 그리고 안정성stability을 담보해야 함을 의미한다. 가용성은 생산, 저장, 거래, 운송 측면에서 식량을 실제로 또는 잠재적으로 확보할 수 있는 것을 말하며, 국내 생산, 수입 능력, 재고 수준, 식량 원조 등으로 구성될 수 있다. 접근성은 개인과 가구가 가용성을 갖춘 식량을 충분히 접근할 수 있는 상태를 나타내며,

빈곤이나 구매력, 운송과 시장, 식량 시스템의 하부구조, 식량 분배 등에 의해 결정된다. 식량의 활용성은 가용성과 접근성을 바탕으로 올바른 영양과 에너지 섭취를 최대화 하는 것을 말하며, 기후 및 가격 변동성, 정치 및 경제적 요인 등에 의해 영향을 받는다.

식량안보는 이러한 속성들이 안정적으로 이루어질 것을 요구한다. 안정성은 가용성, 접근성, 활용성을 지닌 상태에서 개인이나 가구가 언제나 식량안보를 담보할 수 있는 안정된 상태를 나타내고, 이는 식량의 조달과 품질, 위생 측면에서 그러함을 의미한다.

학문적으로는 좀 더 구체적인 목표로 구성된 정의가 제시되기도 한다. 에릭슨Ericksen(2008)은 "모든 국민이 활동적이고 건강한 삶과 식품 선호를 충족시키기 위해서 식량이 항상 양적으로나 경제적으로 접근 가능하며, 공급가격이 안정되고 저렴하며, 안전하고 영양이 충분한 음식이 공급되는 상태"로 정의함으로써 물리적 조달과 함께 영양적 균형을 포함하는 개념으로 확대하고 있다. 식품영양학 등 식품과학 분야에서는 가구의 식생활 형편에 따른 식품안전을 중점에 두고 해석하기도 한다. 식량안보의 측면에서 식품안전이나 영양이 중요한 요소이기는 하나 정량적으로 측정하기 어려운 지표이다.

핀스트럽-앤더슨Pinstrup-Andersen(2009)은 "국가가 영양학적으로 요구되는 열량을 충족시키기 위해 충분한 음식에 접근할 수 있는 능력"을 식량안보의 핵심 개념으로 제시하고 있다. 이는 다른 정의에 비해 단순하지만, 비교적 명확하고 정량적 평가가 가능하다는 장점이 있다. 이 책에서는 국가 차원의 식량안보를 핀스트럽-앤더슨의 물리적·경제적 조달 능력으로, 가구 단위의 식량안보는 가구 구성원의 영양학적으로 균형되고 안전한 먹거리에 대한 안정적이고 지속적 접근성으로 해석한다.

국가 전체 식량안보에서는 식량에 대한 물리적 가용성이 중요하지만, 가구 단위의 식량안보에서는 경제적 접근성과 안정성, 그리고 영양상의 균형과 식품안전이 보다 중요한 요소이다.[1] 가구 식량안보는 식량을 획득할 수 있는 수단이나 권리를 가지고 있는가에 따라 식량에 대한 접근성이 다양하게 나타날 수 있다.[2] 따라서 즉각적으로 식량을 획득할 수 있는 수단을 확보하지 못한 개인이나 가구의 경우 식량부족으로 인한 굶주림이나 건강상의 장애를 유발하는 식량 불안정 상황에 직면하게 된다. 이에 따라 클레이Clay et al.(1981)는 가구 단위의 식량 접근성을 국민 전체의 총소비에 대한 식량 가용성 차원이 아닌 도시 빈민, 영세농민, 독거노인 등 특정 범주 사람들의 복지 취약성 문제로 파악한다. 이 책은 클레이의 개념을 원용하여 가구 식량안보를 정의하고 분석한다.

---

1) 개별 경제주체는 가족을 중심으로 인적, 경제적 공동체 생활하기 때문에 가구별 식량안보 개념이 개인의 식량 접근성을 파악하는데 더 적절할 수 있다.

2) 획득 수단entitlement은 식량을 직접 생산하거나 식품으로 교환할 수 있는 자산을 보유하는 것으로 정의할 수 있다.

2 식량안보의 중요성

2.1 식량의 안정적 조달과 식량안보

빵을 달라! 2008년 이집트에서는 식량 가격 상승에 항의하는 시위가 발생했다. 수천 년 동안 빵을 주식으로 하는 이집트는 정부 보조금으로 운영되는 국영 가게를 통해 빵을 공급하고 있다. 그런데 밀가루 가격 폭등으로 빵을 구할 수 없게 된 것이 시위의 발단이었다. 이집트 북부 작은 도시의 방직공장 노동자들이 거리에서 빵 가격 상승에 항의하는 시위를 시작으로, 시위는 수도 카이로를 넘어 전국적으로 확대되었다. 2008년 당시 이집트 호스니 무바라크Hosni Mubarak 대통령은 강경 진압으로 시위를 진압하였으나, 2011년에 이르러서는 곡물 수급 상황이 더 악화하여 식량 위기를 감당할 수 없게 되자 정권이 붕괴하는 사태에 이르렀다. 이러한 배경에는 밀 수입량의 60%를 러시아에 의존하는 세계 최대 밀 수입국 상황, 2010년 러시아의 밀 생산량 급감으로 인한 밀 수출 중단, 이에 따른 국제 밀 가격의 폭등이 중요한 요인이었다. 30년 동안 이집트를 통치한 무바라크 정권은 밀 가격 폭등과 국제시장의 공급 경색이 방아쇠가 되어 몰락하였다.

이집트 외에도 2006년 애그플레이션 시기 아프리카와 아시아의 많은 나라에서 식량 가격 상승 및 식량 공급 불안에 항의하는 시위가 발발하였다. 튀니지에서는 2011년 1월 식량을 포함한 물가 인상에 항의하는 시위대가 경찰과 충돌하여 23명의 사망자와

100여 명의 부상자가 발생하는 심각한 식량 폭동이 발생하였다. 모잠비크는 2008년 2월 쇼케 지역에서 폭동이 시작되어 수도인 마푸투로 번졌으며, 이 과정에서 6명이 사망하고, 100명 이상 부상하는 대규모 식량 폭동이 발생하였다.[3)]

방글라데시에서는 2008년 1만 5천여 명의 시민들이 높은 식량 가격에 항의하며 공장시설 및 대중교통 시설을 파괴하는 등 폭동이 발생하여 28명의 부상자가 발생하는 사회적 혼란을 초래한 바 있다. 이 시기 식량 위기는 전 세계 수억 명을 기아 상태로 내몰았고, 이집트, 아이티 등 만성적 식량부족 국가에서 폭동으로 이어져 적지 않은 정부가 무너졌다.

글로벌 식량부족으로 인해 국제 식량 가격이 급작스럽게 두 배 이상 상승함에 따라 구매력이 부족한 최빈국의 기아 인구가 증가했으며, 개발도상국은 물론 선진국에서도 정치, 경제적 불안정이 커졌고 사회적 불안은 높아졌다. 식량의 안정적 확보는 생존과 직결된 문제이기 때문에 식량부족으로 가격이 폭등하면 국민의 불만과 저항은 금세 폭발성을 띤다(그림 1). 이는 식량의 안정적 확보가 얼마나 중요한지 보여주는 단적인 사례다. 2006년에 시작된 애그플레이션으로 촉발한 식량 위기는 식량의 안정적 확보가 국가 존립의 기반이라는 오래된 명제를 다시 확인하는 계기가 됐다. 식량안보는 허구가 아니라 실재하는 국가의 존립과 정권

---

3) 세계은행은 식량 폭동food riots을 "식량의 가용성, 접근성, 부담 능력 부족으로부터 기인한 통제력 상실, 신체 손상 또는 재산의 손해로 이어지는 폭력적이고 집단적인 상태"로 정의하고 있다.

안정의 기반이다.

2020년 3월 코로나바이러스 감염증COVID-19은 엄청나게 빠른 속도로 확산하였고, 이내 세계적 유행병pandemic이 되었다. 코로나 사태로 세계는 정치, 경제, 사회, 문화 등 모든 영역에서 큰 변화를 맞이하고 있다. 특히, 식량의 생산과 공급체계가 차질을 빚으면서 식량안보에 대한 인식과 중요성이 재조명되고 있다. 유엔식량농업기구Food and Agriculture Organization는 코로나 사태로 인한 식량 공급망의 붕괴 가능성을 강조하였고, 세계무역기구World Trade Organization, 세계보건기구World Health Organization 등과 함께 공동성명을 통해 식량 위기에 대한 경고 메시지를 발표했다.

코로나 사태의 세계적 확산은 실제로 식량의 생산, 유통, 소비 전 과정에서 차질을 빚고 있다. 2020년 3월부터 시작된 캄보디아, 베트남, 러시아 등 주요 곡물 수출국의 수출제한 조치가 줄을 잇는 가운데 쌀 가격은 2013년 이래 최고 수준을 기록하였다. 농업생산을 위한 인력 수급은 어려워졌고, 러시아, 베트남 등의 국가들은 식량 수출제한 조치를 단행했다. 각국 정부는 식량 위기 극복을 위한 국제협력의 필요성을 강조하면서도 실제로는 자국 우선주의에 따라 수출을 제한하는 긴급조치를 시행하는 모순적 행동을 하였다. 미국, 영국, 홍콩 등 선진국에서도 식료품 사재기 현상이 발생했다. 유엔 세계식량계획World Food Programme은 코로나 사태로 심각한 수준의 기근을 겪는 인구가 2020년 2억 7천만 명에 이른다고 발표하였다.

그림 1 | 글로벌 식량 위기 당시 폭동 현황

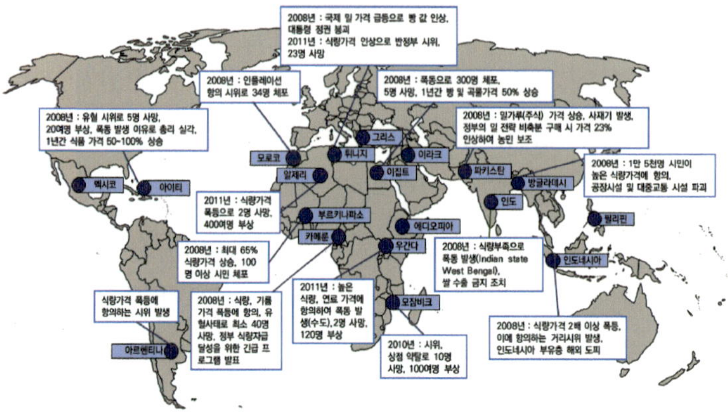

자료: 김태화 외(2019) 수정 후 인용

이런 상황에서 2022년 2월 러시아의 우크라이나 침공은 세계 밀 생산량의 25% 이상 차지하는 두 국가의 밀 생산과 물류체계를 마비시켰고, 밀을 비롯한 국제 식량 가격은 사상 최고 수준으로 급등했다(그림 2). 특히 명목가격과 함께 실질 가격도 최고 수준을 갱신하면서 식량 위기가 얼마나 심각한지 분명해졌다.

식량 가격의 상승은 원유 및 에너지 가격 급등과 더불어 1972년 식량 위기 이후 50년 만에 인플레이션을 초래하고, 금리와 환율의 급격한 변동과 경기침체 가능성을 불러왔다. 농산물 공급 차질로 인한 애그플레이션이 다시 발생하고 있다. 세계적 규모의 식량 위기에 최빈국 등 이미 식량난을 겪고 있는 국가가 가장 큰 타격을 입었지만, 한국, 일본 등 식량 수입의존도가 높은 국가들도 적지 않은 혼란과 피해가 불가피했다.

그림 2 | FAO 식품 가격 지수 추이

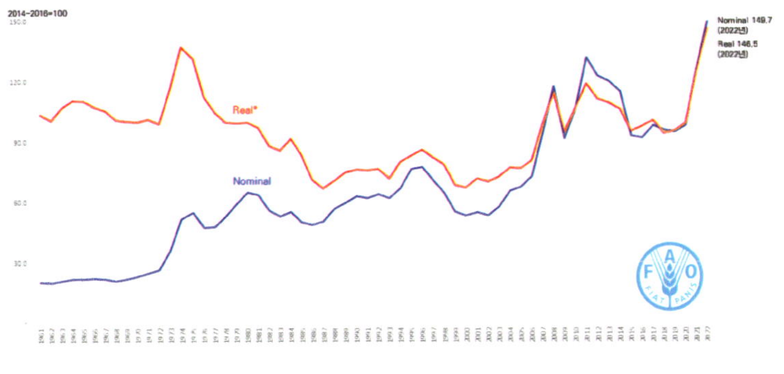

주: 실질 식품 가격 지수는 명목 지수를 세계은행의 제조업 가치 지수Manufactures Unit Value Index로 나누어 계산하였음
자료: 유엔식량농업기구(2022)

그러나 식량문제 해결을 위한 접근방식은 식량 수출국과 수입국 사이에 커다란 차이가 있다. 미국을 중심으로 한 식량 수출국은 시장개방과 관세 인하를 통한 '보다 자유로운 교역freer trade'이 식량 접근성을 높여 식량안보를 확보하는 데 유리하다고 주장한다. 식량 수출국은 수입이 식량을 국내 생산에만 의존하는 경우 발생할 수 있는 위험을 완화하는 효과가 있어 시장개방을 통한 식량의 자유로운 교역이 식량안보 확보에 더 유리하다고 주장한다. 식량의 가용성, 접근성, 활용성 확보가 식량안보의 핵심이라는 점을 고려할 때 국내 생산 이외에 다양한 방법을 모색해야 하고, 무리하게 자급률을 높이는 경우 조달 비용이 과다하고 식량 교역을 제한해 오히려 식량안보에 부정적임을 강조한다.

그러나 식량 수입국은 소수의 식량 수출국이 수출세를 부과하거나 수출을 제한하는 경우 국제 곡물 가격이 폭등해 더 큰 식량 위기를 초래할 수 있다는 점을 우려한다. 2006년에서 2008년 사이에 발생한 글로벌 식량 위기 당시 식량 수출국이 실제로 수출을 제한한 광범위한 사례를 핵심 논거로 제시한다.[4] 식량 수입국은 식량안보를 국가 존립의 핵심 조건으로 간주하고 이를 외국에 의해 위협받을 수 있는 상황을 경계하고 있다. 식량 수입국들은 국내 생산을 통한 안정적인 자급률 확보가 식량안보에 가장 우선적인 대응 방법이라고 주장한다.

곡물 가격 폭등으로 인한 식량 위기 가능성은 항상 존재해 왔으며, 한국과 같이 식량자급률이 낮은 국가는 더 쉽게 식량 위기에 노출되어 있다.[5] 그러면 필요한 식량을 국내에서 조달하는 능력을 높이는 것이 과연 식량안보를 강화할까? 김태화 외(2019)는 4대 곡물인 쌀, 소맥, 대두, 옥수수를 대상으로 분석한 결과, 식량자급률이 상승하면 식량 폭동 가능성이 낮아지고 식량 가격의 변동성도 감소하는 결과를 보여주고 있다. 이는 식량 수입국이 주장하는 '식량자급률 증가를 통한 식량안보 확보'의 정당성과 필요성을 지지하는 결과이다.

세계무역기구World Trade Organization 체제는 무역장벽을 허물어

---

4) 글로벌 식량 위기 당시 러시아는 밀, 보리, 옥수수 등에 수출세를 부과하여 수출규제를 하였고, 베트남은 태풍으로 인한 흉작으로 국내 가격이 급등하자 쌀 수출을 금지했다. 이외에도 중국, 우크라이나, 카자흐스탄, 세르비아 등도 주요 곡물과 농산물에 수출규제를 취한 바 있다.

5) 2018년 2월 농림축산식품부는 〈농업·농촌·식품발전 5개년 계획〉에서 2020년 식량자급률의 목표를 기존 60.0%보다 4.6%포인트 낮은 55.4%로 하향 조정하였다(농림축산식품부 2018).

재화와 서비스가 자유롭게 흐를 수 있도록 하자는 '신자유주의 세계화'를 바탕으로 추진되어왔다. 대다수 농산물 수출국이 자유무역을 통해 식량안보를 보장받을 수 있다고 주장해왔지만, 두 차례의 글로벌 식량 위기는 자유무역을 통한 식량안보 확보의 한계를 여실히 보여주었다. 수출국이 곡물 수출을 중단하고, 수입국에서 심각한 식량 폭동이 발생해도 WTO가 할 수 있는 일은 거의 없었다.

현재의 WTO 농업협정에는 수출국이 수출세를 인상하거나 수출 수량을 제한하는 등 수출을 규제하는 경우 WTO에 '통보'하거나 수입국의 요구가 있는 경우 '협의'해야 하는 정도의 규정만 있다. 따라서 식량 수출규제를 엄격히 제한하고, 식량 수입국이 수출국의 수출규제에 대응해 안정적으로 공급을 확보할 수 있는 새로운 무역 질서의 도입이 필요하다.

한국은 과거 경험했던 두 차례 식량 위기, 코로나 사태와 러시아-우크라이나 전쟁으로부터 식량의 안정적 확보가 얼마나 중요하고 필요한지 다시 확인할 수 있었다. 정부는 식량안보가 국가 존립과 경영에 필수 불가결한 최우선 조건임을 재인식하고, 철저한 전략을 수립해야 한다.

2.2 식량안보에 대한 국민 인식

식량 위기가 지속되는 상황에서 식량안보를 효과적으로 확보하기 위해서는 범정부 차원의 정책과 제도적 장치가 필요하지만, 먼저 이 문제에 대한 일반 국민의 인식과 이해를 바탕으로 한 사회적 합의가 중요하다. 즉, 식량안보의 수요자이자 국가 예산의 공급자인 국민이 식량안보를 얼마나 중요하게 인식하고, 식량안보를 유지하기 위해 어느 정도의 재정 투입을 용인할지가 관건이다.

한국 국민은 식량안보를 얼마나 중요하게 생각할까? 한국농촌경제연구원Korea Rural Research Institute은 코로나 사태가 본격화된 2020년 이후 농업·농촌에 대한 도시민의 인식과 수요 변화를 조사한 바 있다(그림 3). 조사에 따르면 응답자의 74.9%가 코로나 사태 발생 이전과 비교해 식량안보가 더 중요해졌다고 답했다. 또 응답자의 67.6%는 국민경제에서 농업이 차지하는 중요성이 더 커지고, 69.5%는 식량안보를 포함한 농업·농촌의 공익적 기능이 더욱 중요해졌다고 응답하였다.

그림 3 | 코로나-19 이후 농업·농촌에 대한 도시민의 인식

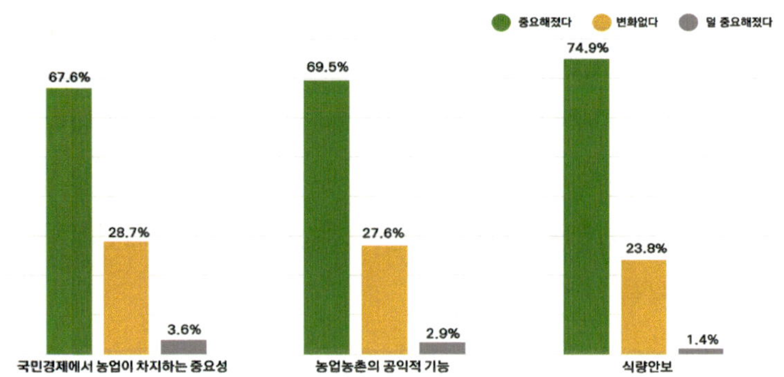

자료: 이명기 외(2020.5)

한국농촌경제연구원의 또 다른 연구에서 수행한 국민의식조사에서는 농업인과 도시민 모두 안정적 식량 공급이 농업·농촌의

가장 중요한 역할로 꼽았다. 이는 코로나 사태로 인한 국제 공급망 차질, 감염 및 이동 제한에 따른 노동력 부족으로 식량 위기가 지속됨에 따라 우리 국민의 식량안보 중요성에 대한 인식이 더욱 커졌음을 의미한다.

그러나 1인당 국내총생산(GDP)이 4만 달러가 넘는 경제 선진국 한국에서 식량안보의 중요성이 과장되었다는 주장도 적지 않다. 과연 우리 국민은 식량안보를 얼마나 구체적으로 인식하고 있을까? 이춘수·양승룡(2013)은 2011년 곡물 자급률(23%, OECD 최하위)과 2012년 1인당 GDP(2만 4천 달러, 세계 34위)에 대한 정보를 제공한 후 식량안보의 중요성에 대한 인식을 조사하였다(표 1). 조사 결과 전체 응답자의 89.2%가 식량안보 확보가 중요하다고 답했으며, 중요하지 않다는 응답자는 2.6%에 불과하였다. 우리 국민은 경제력이 커졌다 하더라도 식량안보가 중요하다는 인식을 유지하고 있음을 알 수 있다.

그렇다면 우리는 왜 선진국에 진입할 만한 경제성장에도 불구하고 식량안보를 중요하게 인식할까? 양승룡·김원용Yang and Kim(2014)은 식량안보의 핵심 구성요소로 식량자급률, 소득에서 차지하는 식량 소비 비중, 소득 불평등도, 국민경제의 대외신용도, 그리고 국제시장에서의 곡물 재고 규모 등 다섯 가지 요소를 제시하였다. 이들 요소의 중요성을 7점 척도로 조사한 결과, 식량자급률을 5.93점으로 가장 중요하게 생각하고, 다음이 국제재고(5.62점), 소득 불평등도(5.38점), 국민소득(5.36점), 국제신용도(5.33점)의 순으로 나타났다.

이러한 연구 결과는 식량을 경제적으로 조달할 수 있는 능력, 즉 경제적 구매력보다 국내 자급 능력과 국제 재고의 가용성 등 물리적 요소를 중요하게 인식하고 있다는 의미이다. 이는 1972년의 식량 위기와 2006년 애그플레이션 시기 세계 각국의 식량 폭동 사태와 주요 식량 수출국의 식량 무기화 등을 경험하면서 경제적 능력이 충분해도 필요한 식량을 확보하지 못할 수 있음을 알게 되었기 때문이다.

| 표 1 | 식량안보 세부 구성요소의 중요성에 대한 인식

(단위: 점, 순위)

구분	자급률		국민소득		소득 불평등성		국제 신용도		국제 재고	
	평균	순위	평균	순위	평균	순위	평균	순위	평균	순위
응답 결과	5.93	1	5.36	4	5.38	3	5.33	5	5.62	2

주: 점수 기준은 '전혀 중요하지 않다 1점 - 보통 4점 - 매우 중요하다 7점'임
자료: 이춘수·양승룡(2013)

그런데 우리 국민은 정부가 식량안보 확보를 위해 제대로 대응하고 있다고 생각할까? 이춘수·양승룡(2013)의 조사에 따르면 전체 응답자의 56.1%가 한국의 식량안보 수준이 낮다고 평가하였다. 특히 정부의 적정 곡물자급률에 대해서는 2020년 목표인 32.0%보다 16.9% 포인트 높은 48.9%가 적절하다고 응답하였다.[6] 우리 국민의 식량안보에 대한 불안감 또는 단순한 인식을 고려하더라도 자급률 목표를 더 높게 설정할 필요가 있으며, 정부는 더욱 적극적인 의지와 세부 전략을 수립해야 함을 의미한다.

---

6) 정부는 2011년 식량자급률 목표를 재설정하면서 2020년 기준 곡물 자급률 목표를 32.0%로 조정하였다. 식량자급률은 곡물 중 사료용을 제외해 산정하고, 곡물자급률은 사료용 곡물을 포함한 수치이다.

상대적으로 저렴한 수입 농산물 대신 국산 농산물로 식량안보를 강화하기 위해서는 국내 자급률 제고를 위한 추가 비용이 발생한다.[7] 그러면 식량자급률을 높이는 데는 얼마나 많은 추가 비용이 필요할까? 한국농촌경제연구원(2012)의 연구에 따르면 식량자급률을 1% 포인트 높이기 위해 연간 2,000억 원의 예산이 필요하다고 제시하였다. 이는 우리 국민이 적정하다고 생각하는 자급률 수준(48.9%)을 유지하기 위해 매년 3조 4천억 원의 예산이 더 필요함을 의미한다.

이렇듯 식량안보를 강화하기 위해서는 적지 않은 예산이 추가로 소요된다. 그렇다면, 우리 국민은 식량안보 확보를 위한 재정 투입에 찬성할까? 이춘수·양승룡(2013)은 '식량자급률 1% 포인트를 높이기 위해 연간 2,000억 원의 예산 투자가 적절한가'라고 질문했는데, 응답자의 42.5%는 적절하다고 답하고, 20.4%는 적절하지 않다고 응답하였다. 긍정 응답자가 더 많기는 하지만 50%를 넘지 못하고 있다. 식량안보의 중요성에 대한 인식에 비해 예산 투입에 대한 지지가 상대적으로 낮음을 보여준다.

이 연구는 식량안보 확보를 위한 재원 마련에 대한 국민의 선택도 조사하였다. 기후변화에 대응해 가칭 식량안보기금을 조성하는 경우 유류세와 식품소비세 중 어떤 세금이 재원으로 더 적절하다고 생각하는지 질문하였다. 유류세는 오염자 부담 원칙에 따라 기후변화를 유발하는 오염원에 부과하는 페널티 개념이고,

7) 그러나 국가안보를 위한 국방예산과 마찬가지로 식량안보를 위한 농업예산 투입은 국가의 존립과 안정적 경영을 위해 필수적이라 할 수 있다.

식품소비세는 식량안보 확보를 위해 생산 부문에 제공하는 인센티브 개념으로 해석할 수 있다. 조사 결과 81.4%의 응답자가 적정 세금 형태에 답하고, 18.6%는 적정 세금 형태에 답하지 않았다. 또 응답자의 59.6%는 식품소비세, 40.4%는 유류세가 적절한 예산 조달 방식이라고 답했다. 이는 페널티 방식보다 인센티브 방식의 재원 마련을 선호함을 보여준다.

또한, 적정 세금 형태에 답한 응답자를 대상으로 식량안보기금 조성을 위해 어느 정도의 세금을 추가로 부담할 의향이 있는지를 조사하였다. 조사 결과 평균 지불의사willingness to pay 세율은 유류세의 경우 1.60%, 식품소비세 1.79%로 조사되었다. 해당 세율을 금액으로 환산하면, 식품소비세는 연간 1조 3,754억 원, 유류세는 연간 9,020억 원에 해당한다. 이를 한국농촌경제연구원에서 제시한 식량자급률을 1% 포인트 올리는데 필요한 예산(연간 2,000억 원)으로 나누면, 식량자급률을 식품소비세 기준 6.9% 포인트, 유류세 기준 4.5% 포인트 상승시킬 수 있다. 두 경우 모두 우리 국민이 인식하는 적정 자급률 48.9%를 달성하기에는 부족한 수준이다. 이는 식량안보의 중요성에 대한 대국민 홍보와 인식 제고가 필요하며, 보다 효율적으로 곡물 자급률을 강화하는 방안이 필요함을 시사한다.

3 식량안보 위협요인

1970년대와 2000년대 발생한 두 차례 글로벌 식량 위기 이후에도 엘니뇨 및 라니냐 현상, 지구온난화로 인한 기상이변, 코로나 사태와 같은 글로벌 팬데믹global pandemic, 그리고 전쟁이나 정치적 혼란 등으로 식량안보에 대한 불안과 우려는 그치지 않고 있다. 특히 2022년 초 발생한 러시아의 우크라이나 침공은 대규모 식량 수출국인 이 두 국가의 생산과 물류시스템을 경색시켜 곡물 가격을 사상 최고 수준으로 끌어올렸다. 식량안보를 위협하는 다양한 요인에 대한 이해는 식량안보를 강화하고 식량 위기에 대처하는 첫 번째 과제가 될 것이다.

식량 위기는 통상적으로 식량 가격의 상승으로 나타난다. 따라서 식량 가격을 상승시키는 원인을 이해하는 것이 식량안보에 대응하는 첫걸음이 될 것이다. 가격은 수요와 공급에 따라 결정되며, 이는 다시 수요를 결정하는 요인과 공급을 결정하는 요인에 의한다. 이 장에서는 식량 가격을 결정하는 수요 측면의 요인과 공급 측면의 요인들이 무엇인지 살펴본다.

3.1 수요 측면

(1) 세계인구

수요 측면에서 식량안보를 위협하는 요인으로 무엇보다 세계인구의 꾸준한 증가와 세계인구의 1/3을 차지하는 중국과 인도 등

신흥개발도상국의 폭발적 소비 증가를 들 수 있다. 특히, 이들 대규모 인구 국가에서 육류와 수산물 소비가 증가함에 따라 사료용 곡물 소비량도 급격히 증가했다. 도시화와 식생활의 다양화로 인한 수요의 증가도 중요한 요인 중 하나이다.

유엔의 예측에 따르면 2022년 현재 79억 명이 넘는 세계인구는 2050년 100억 명에 이를 것으로 전망된다(그림 4). 이러한 인구 증가는 그 자체만으로도 30년 후 25%의 식량 수요가 증가함을 의미한다. 이에 반해 산업화와 주거지 확장, 각종 사회 인프라 증가를 고려할 때 농지의 확대를 통한 생산 증가는 어려울 것으로 보인다. 오히려 사막화나 급격한 기상이변 등으로 농업생산에 투입되는 농지는 감소할 가능성이 크다.

| 그림 4 | 유엔의 세계인구 전망(2022~2100년)

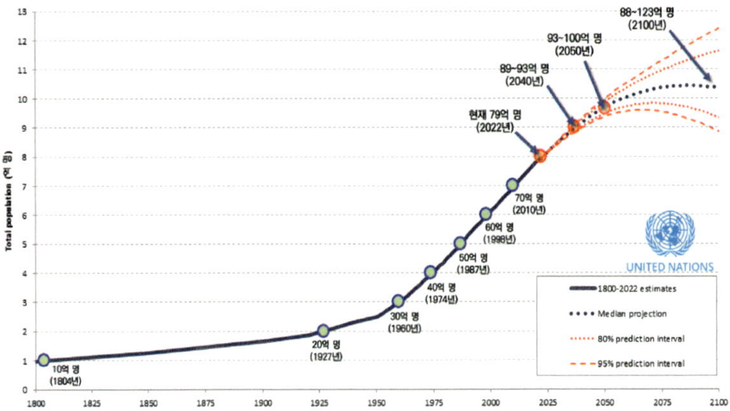

자료: UN Department of Economic and Social Affairs Population Division(2022)

인구 측면에서 식량 가격의 상승은 예정된 미래다. 생존을 위해 필수적인 식량은 가격탄력성이 1보다 작은 대표적인 비탄력적 재화이다. 이는, 만약 생산이 증가하지 않는다면, 인구가 25% 증가하면 식량 가격은 그 이상 상승함을 의미한다.[8] 인구 증가만으로도 세계 식량안보는 위기 상태라고 볼 수 있다.

(2) 식량 구매력

식량 수요를 증가시키는 또 다른 요인은 세계 경제성장에 따른 구매력 상승을 들 수 있다. 유엔식량농업기구Food and Agriculture Organization에 의하면 식량 구매력은 경제적 접근성을 나타내는 요소로, 시간이나 장소에 구애받지 않고 충분한 식량을 취득할 수 있는 소득이나 권리로 정의된다.[9]

국제통화기금International Monetary Fund에 따르면 2008년 서브프라임 금융위기에서 회복하기 시작한 2010년 이후 10년간 세계 경제는 연평균 3% 넘게 상승했다. 코로나 사태로 고통받던 2020년에도 5.2% 성장했으며, 신흥개도국의 경우 6%를 상회했다(표 2). 코로나 사태는 대부분 국가에서 심각한 소득불균형을 초래했으며, 이로 인한 정부의 식품 지원 규모 또한 증가하였다.

---

8) 공급 감소에 따른 가격 상승률을 나타내는 가격 신축성은 가격변화율에 따른 수요변화율을 나타내는 가격탄력성의 역수로 표현된다(대체재가 없을 때). 한국농수산식품유통공사에 의하면 한국의 경우 2005년에서 2015년 기간 농산물 전체 가격탄력성은 0.28이며, 식량류 0.23, 축산물 0.13으로 분석되었다. 이는 식량에 대한 수요가 10% 증가하면 가격은 400% 이상 상승할 수 있음을 의미한다.

9) 식품접근권은 정부 식품 지원정책의 수혜 자격이나 식품구매권food stamp 등을 포함한다.

| 그림 5 | 세계 경제성장률 추이

주: 실질 GDP의 연평균 성장률(annual average growth rate)
자료: UNCTAD(2022)

| 표 2 | 국제통화기금(IMF) 세계 경제성장률 전망(2021, 2022년)

(단위: %)

구분		세계	선진국	신흥 개도국	한국	미국	유로존	일본	중국
2021년	7월	6.0	5.6	6.3	4.3	7.0	4.6	2.8	8.1
	10월	5.9	5.2	6.4	4.3	6.0	5.0	2.4	8.0
2022년	7월	4.9	4.4	5.2	3.4	4.9	4.3	3.0	5.7
	10월	4.9	4.5	5.1	3.3	5.2	4.3	3.2	5.6

주: 2021년 10월 12일 IMF 『세계 경제 전망』 발표 기준
자료: IMF(2022)

대부분 국가에서 식량의 소득탄력성이 1에 가깝고, 특히 축산물은 1을 상회 하는 점을 고려할 때 향후 경제성장률 이상으로 수요가 증가할 것이다. 특히 인구가 많은 중국이나 인도, 인도네시아 등 아시아 개도국의 소득탄력성이 높고, 축산물 소비가 급증함에

따라 경제성장은 세계 전체의 식량안보를 위협하는 가장 중요한 요인이 될 것이다.

(3) 식품 소비패턴

식품 소비 구조의 변화는 식량 수요를 증가시키는 또 다른 요인이다. 경제가 성장함에 따라 세계적으로 전통적인 곡물 위주의 식량 소비 구조가 바뀌고 있다. 변화는 크게 두 가지에서 기인한다. 첫째, 외식과 서구식 식단의 증가, 둘째, 육류와 낙농 제품 등 동물단백질 소비의 증가이다. 지구촌이 세계화되어 교류가 증가하고 사회가 다양화되면서 외식은 공공 급식과 함께 음식물 섭취의 핵심 경로로 자리 잡았다. 이와 함께 고급 단백질 공급원이었던 육류와 어류 소비 증가는 사료용 곡물 수요의 급증을 가져왔다. 특히 사료 효율이 낮은 소고기와 돼지고기 수요의 증가는 식량문제를 심화시키는 주요 요인으로 떠오르고 있다.[10)]

중국인의 돼지고기 사랑은 유별나서 돈육가격 상승으로 인한 인플레이션을 표현한 피그플레이션pigflation이라는 용어가 만들어질 정도다. 중국의 경제성장으로 인한 급속한 소득 증가는 인구 증가와 맞물려 돼지고기 소비 증가를 가져왔고, 이는 사료 수요와 곡물 가격 상승의 주 요인이 되고 있다. 이런 중국인들이 최근에는 사료 효율이 낮은 소고기와 참치 등 양식 수산물에 대한 수요가 늘면서 전 세계적 식량안보에 빨간 불이 커졌다.

---

10) 소고기 1kg을 생산하기 위해서는 8kg의 사료 곡물이 소요되며, 이는 돼지고기의 4kg, 닭고기의 2kg과 비교하면 절반 이하의 사료 효율성을 의미한다.

그림 6 | 국가별 축산물 소비 추세

(단위: 1,000 MT CWE)

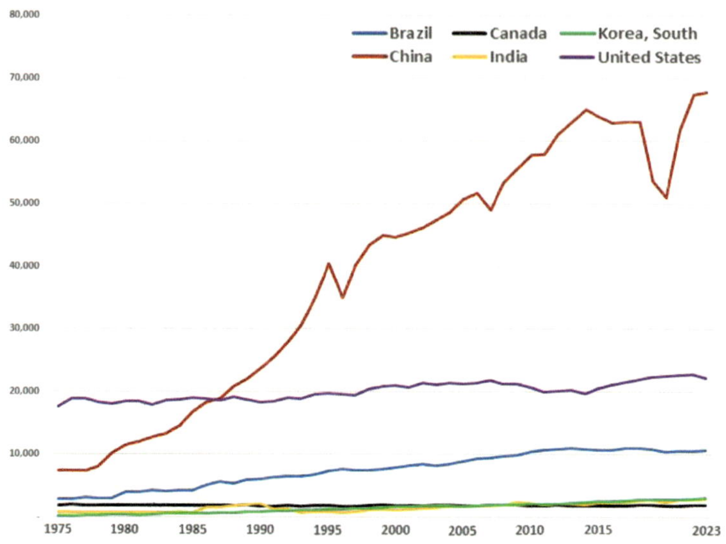

주: 축산물 소비량은 소고기beef and veal와 돼지고기swine의 합임
자료: USDA(2023)

(4) 바이오에너지

원유가격 상승과 탄소 배출 감축을 위한 환경규제가 강화되면서 2000년대 초반부터 재생에너지에 대한 수요가 증가했으며, 이는 바이오디젤이나 바이오에탄올 등 곡물에서 추출한 연료의 수요를 촉발했다. 특히 유가 상승에 따른 바이오 연료생산은 한정된 식량자원에 새로운 경쟁자로 등장했다.

2005년 미국이 에너지 가격을 안정시키고 에너지 안보 강화를 위해 바이오에탄올 확대 정책을 도입하면서 인류의 중요한 식량

작물인 옥수수와 사탕수수에 대한 연료용 수요를 급증시켰다. 이는 당연하게도 곡물 가격의 상승으로 이어졌으며, 농산물가격 상승이 인플레를 일으키는 애그플레이션이라는 새로운 현상을 만들면서 식량안보에 새로운 문제를 던져주었다.

특히 미국이 2005년 에너지정책법Energy Policy Act of 2005을 통해 2022년까지 바이오에너지 의무 사용을 추진하면서 에탄올의 주 원료인 옥수수가격이 폭등했다(표 3). 미국의 바이오에너지 사용 의무화 정책은 표면적으로는 미국의 에너지 안보를 강화하는 목적이지만, 실제로는 미국 농민들에 대한 우회적 보조 수단으로 도입되었다고 의심된다.

저자가 분석한 모형에 의하면 미국의 바이오에너지 의무화 정책이 국제 옥수수가격을 2.9배가량 상승시켰다(그림 7). 이는 미국 농민의 소득 보전을 위해 미국 정부 대신 전 세계 옥수수 소비자가 부담하는 결과를 초래한 것이다. 세계 2, 3위 옥수수 수입국인 한국도 당연히 엄청난 비용을 추가로 부담했다.

표 3 | 미국 옥수수 소비 동향

(단위: 백만 톤, %)

구분	바이오에탄올		식용/종자/기타 공업용		사료용/기타		합계
	소비량	비중	소비량	비중	소비량	비중	
1980/81년	35.0	0.7	624.2	12.8	4,232.1	86.5	4,891.3
1990/91년	349.1	5.8	1,076.0	17.8	4,608.9	76.4	6,034.0
2000/01년	629.8	8.1	1,350.2	17.3	5,818.9	74.6	7,799.0
2010/11년	5,018.7	44.8	1,413.4	12.6	4,770.1	42.6	11,202.2
2020/21년	5,032.5	41.7	1,438.4	11.9	5,597.5	46.4	12,068.4
2022/23년	5,375.0	44.2	1,445.0	11.9	5,350.0	44.0	12,170.0

주: 2022/23년은 예측치임
자료: USDA ERS(2022)

2008년 서브프라임 사태로 촉발한 세계금융위기로 세계 경제가 침체하고 원유가격이 하향 안정된 시기에 바이오에너지에 대한 수요도 다소 감소하였다. 그러나 최근 코로나 사태와 우크라이나 침공 등으로 인해 에너지 가격이 사상 최대치를 기록하면서 바이오에너지 생산이 다시 증가하고 있다. FAO는 코로나 사태가 종식된 이후 경기회복 및 국제 물동량의 증가, 원자재 수요 증가로 바이오에너지 생산이 2027년까지 연평균 0.8% 증가할 것으로 전망하고 있다. 바이오에너지 생산은 축산물 소비와 함께 식량의 치명적 경쟁자로 부상하였다.

그림 7 | 옥수수가격 전망(2015~2023년)

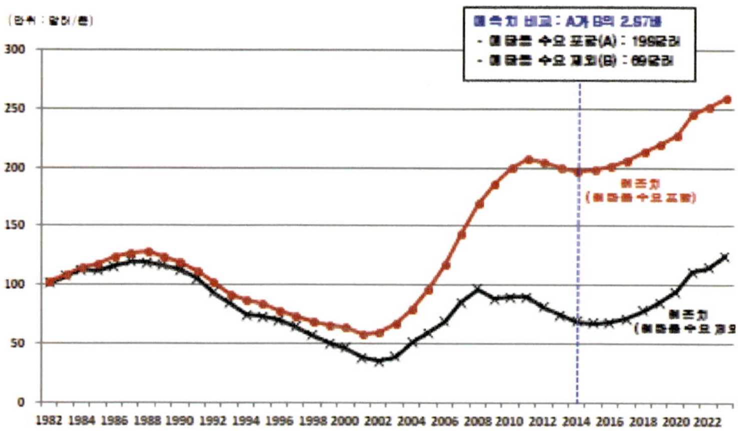

(5) 식량 가수요

식량에 대한 실수요 못지않게 식량 위기에 대한 전망 자체가 촉발하는 가수요도 곡물 가격을 상승시키고 식량문제를 악화시키는 중요한 요인이 된다. 최근 코로나 사태로 인한 농업노동력 부족과 연료 및 비료가격 상승으로 인한 생산 감소와 공급체계 붕괴를 우려한 예비적 수요precautionary demand는 식량 수요를 증가시키는 중요한 요인이다.

실제로 2006년 애그플레이션 기간에 농산물 수출국들의 광범위한 수출제한 조치와 식량 폭동에 겁먹은 수입국들의 무분별한 가수요는 곡물 시장 질서를 혼란에 빠뜨리고 가격 변동성을 크게 상승시켰다. 이런 가수요는 수급 불균형이 심해질수록 더욱 커지며, 이는 다시 가격변동성과 시장 불확실성을 확산시키는 악순환을 가져온다는 점에서 식량 위기의 중요한 요소이다.

수급 불안정으로 인한 가격 변동성이 커지는 시기에는 가격변동을 이용한 매매수익을 추구하는 투기적 수요speculative demand도 합세하여 가격 상승을 더욱 증폭시킬 수 있다. 2000년대 들어 세계 금융시장이 개방되고 정보통신 기술이 급속히 발전하여 투기적 금융자본이 손쉽게 국경을 넘나들면서 자본거래 수익을 추구할 수 있게 되었다. 농산물이나 원자재 등 과거 투기자본들이 진입하기 어려웠던 상품시장에도 파생상품의 형태로 자유롭고 편리하게 드나들었다. 예비적 수요와 함께 투기적 수요도 시장 불확실성을 키우고 거래 질서를 왜곡시키는 중요한 요인이 된다.

3.2 공급 측면

(1) 기상 변동

농업생산에 가장 커다란 영향을 미치는 요인은 단연 급격한 기상 변동이다. 예상하지 못한 가뭄이나 저온 등 성장환경 변화로 인한 생산성 하락, 홍수나 태풍, 폭설과 같은 재해로 인한 수확 및 물류 장애, 급격한 병해충 피해로 인한 손실 등이 대표적 사례이다. 그러나 기후변화로 인한 장기적인 농업생산 기반의 변화와 파괴, 농약 및 비료 사용 증가로 인한 생태계 악화, 생태계 변동으로 인한 생물 다양성 감소, 자연 서식지의 연쇄적인 파괴 등은 글로벌 식량 위기를 초래하는 가장 심각한 요인이다.

2019년 유엔 산하의 '기후변화에 관한 정부 간 협의체(IPCC)'는「기후변화와 토지」란 제목의 특별보고서를 발표하였다. 기후변화에 대응하는 국가 협의체에서 식량문제를 다루는 이유는 기후변화가 식량안보에 미치는 영향이 지대하기도 하지만, 기후변화에 대응하는 국제사회 전체의 협력이 중요하기 때문이다. 이는 전 지구적인 조화롭고 세심한 대응책을 통해 식량의 안정적이고 효율적 생산이 필수적이라는 인식을 바탕으로 한다.

기후변화는 단수(단위 면적당 생산량)나 작부체계, 물류시스템 등 물리적 공급 측면뿐 아니라, 경제적 구매력과 시장 접근성, 식품 안전성, 그리고 안정적 공급 가능성에도 심각한 위협이 될 수 있다. 기후변화는 인류의 지속 가능한 존립을 위해 식량 수입국이나 식량안보 취약국뿐만 아니라 지구상의 모든 국가와 경제가

공동으로 대응해야 할 어렵고 막중한 과제임이 틀림없다.

(2) 농업생산 기반

식량 생산에는 토지와 노동력, 농기계를 비롯한 수리시설과 종자, 비료, 농약 등 다양한 생산요소가 필요하다. 이 중 농지는 가장 기본적인 전제조건이다. 그러나 글로벌 기후변화로 인한 강수 체계의 변화와 사막화, 도시화 등으로 경지면적이 늘어날 가능성은 매우 적다. 특히 농업 생산성이 높은 대규모 농업생산국의 경지면적은 감소세에 있어 식량 생산 증가를 제한하는 결정적 요인이다.

20세기 들어 세계 경제와 인구가 성장함에 따라 늘어난 식량 수요를 충당할 수 있었던 것은 수리/관개시설과 경지정리, 개간과 간척 등 농업 자본화가 중요한 역할을 하였다. 여기에 비료나 농약, 농기계의 급격한 발전을 바탕으로 한 녹색혁명green revolution은 세계 농업생산 능력을 비약적으로 증가시켰다. 1900년대 전반기 두 번에 걸친 세계대전이 끝나자 화약과 대포 등 군수공장이 비료나 농약, 농기계 등 농자재 산업으로 전환하였고, 이로 인해 농업 생산성이 비약적으로 증가했다.

그러나 녹색혁명이라 불리던 이러한 변화는 점차 농지를 약탈적으로 사용하고 농업생태환경을 황폐시켜 생산성의 지속적 증가를 오히려 저해하는 주범이 되었다. 세계농업은 1992년 리우 협약을 계기로 환경과 생태의 조화로운 유지와 보전을 목표로 한

지속가능한 농업을 지향하고 있다. 이는 생산요소의 투입 증가를 통한 생산 증가를 더 이상 기대하기 어렵다는 것을 의미한다.

1990년대 도입된 유전자변형Genetically Modified Organism 작물의 경우도 농약이나 비료 사용을 최소화하고 농업 생산성을 높인다는 기대가 슈퍼잡초의 등장으로 실현되지 못하고 있다. GMO 작물이 단위 면적당 수확량을 높인다는 확실한 증거는 아직 제시되지 못하고 있다. 오히려 그 반대의 정황이 의심되고 있다. GMO 생산이 최고점에 달했던 2000년대에 세계는 오히려 식량 위기로 몸살을 앓았고, 식량안보는 더욱 취약해지고 있는 사실이 GMO의 식량안보 구원설을 기각하고 있다.

2000년대 들어 등장한 사물인터넷과 인공지능, 로봇 등 소위 제4차 산업혁명으로 불리는 지능혁명에 힘입은 디지털 농업digital farming은 이제 걸음마 단계에 있으며, 다시 농업 생산성을 획기적으로 높일 수 있는 기술혁신이 될지는 미지수이다.

(3) 국제 재고

국제시장에서 유지되는 재고수준은 곡물 가격 변화를 결정하는 가장 중요한 요인 중 하나이다. 일반적으로 재고는 가격 변동성을 완화하는 역할을 한다. 단기적 소비 증가에 대응해 재고를 방출하여 가격 급등을 진정시키고, 생산이 증가할 때는 재고로 흡수하여 급격한 가격하락을 방지하고 시장 충격을 완화한다.

재고수준이 낮을 때는 생산이나 소비 부문에서 조그만 변화가 발생해도 가격이 크게 변할 수 있다. FAO는 시장 안정성을 제고시키기 위해 적어도 소비량의 16~17%를 적정재고로 유지할 것을 권장한다. 이는 2개월분 소비할 수 있는 물량으로, 어떤 이유에서든 공급이 부족할 경우 국제시장에서 구매해 운송할 수 있는 물리적 시간을 반영한 것이다

그림 8 | 국제 옥수수 수급 동향(1970~2022년)

(단위 : 백만 톤)

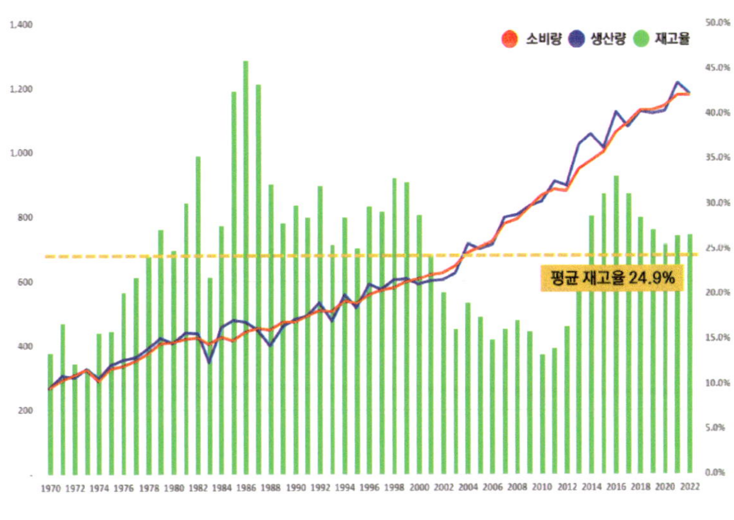

주: 재고율은 기말재고율(=기말재고량/소비량)을 말하며, 평균 재고율은 전 기간 평균임
자료: USDA PSD(2022)

그림 9에서 보는 바와 같이 1972년 식량 위기와 2006년 애그플레이션 기간 옥수수 재고율이 역사적 평균인 24%보다 낮은 16% 수준으로 하락했음을 알 수 있다. 이렇게 국제 재고율은 식량 위기 상황의 바로미터이다.

2022년 2월 러시아의 우크라이나 침공으로 통상 5월부터 시작되는 밀 수확에 차질이 생겼고, 재고수준도 크게 하락하여 국제 밀 가격이 사상 최대수준으로 치솟은 배경이 되었다. 역사적으로 국제 재고가 충분한 수준을 회복하기까지 수년의 시간이 걸리는 점을 고려하면 식량 위기는 상당 기간 지속될 것으로 예상된다.

| 그림 9 | 세계 곡물 재고량(2013~2022년)

(단위 : 백만 톤)

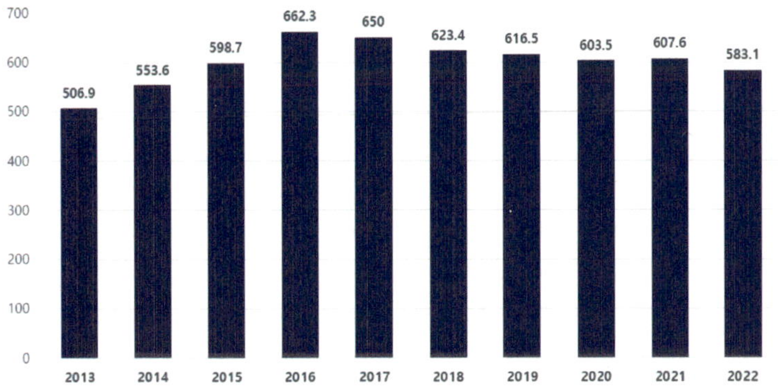

주: 2021/22년은 추정값, 2022/23년은 예측값임
자료: International Grains Council(2022)

(4) 시장지배력

식량의 국제시장은 소수의 수출국과 다수의 수입국으로 구성되어 있다. 전형적인 판매자 독과점 구조다. 이러한 구조적 문제는 수출국 또는 소수의 대규모 수출업체들이 가격결정력을 가질 수 있음을 의미한다.

양승룡·이원진(2001)은 한국이 미국과 중국으로부터 주로 수입하는 옥수수와 미국, 캐나다, 호주로부터 거의 전량을 수입하는 밀의 경우 수입국들이 가격결정력을 가지고 있다는 분석 결과를 제시했다. 한국의 높은 해외의존도는 식량안보를 악화시키는 중요한 원인이며, 특히 독과점적 시장구조에서는 더욱 그렇다.

수출국의 독과점 구조보다 더 위협적인 것은 국제 곡물 시장이 ABCD로 불리는 4대 곡물 메이저에 의해 장악되어 있다는 점이다. 미국의 아처 대니얼스 미들랜드Archer Daniels Midland과 카길Cargill, 남미의 벙기Bunge, 그리고 프랑스계 루이 드레퓌스Louis Dreyfus Company로 구성된 곡물 메이저들은 기업공개 의무가 없는 비상장 기업으로 지배구조는 물론이고 사업영역과 수익구조 등 모든 기업활동 정보가 대중으로부터 은닉되어 있다. 이들이 비경쟁적 시장구조하에서 오랜 기간 독과점적 이윤을 추구해 오고 있으며, 이로 인해 전 세계 식량안보는 만성적 위기 상태에 놓여 있다.

한국의 경우 곡물 수입량의 60% 이상을 4대 메이저에 의해 수입하고 있다. 수입된 곡물이 유통, 저장, 가공되는 후방산업도 소수의 국내 식품회사가 독과점적 시장지배력을 발휘하고 있다. 정소영·양승룡(2022)은 국제 곡물 가격이 상승할 때마다 사료와 식품회사 주가가 상승하는 현상이 구조적인지를 분석한 결과, 실제로 곡물 가격 상승이 이들 회사의 주가를 상승시킨다는 결론을 얻었다. 이는 독과점적 시장구조로 인해 원자재인 곡물 가격 상승을 최종 소비자 가격에 전가할 수 있는 능력이 실재함을 의미한다.

전쟁이나 팬데믹 사태로 인한 생산 및 물류 차질은 식량 시장의 독과점적 구조를 통해 식량안보를 더욱 위태롭게 한다. 독과점적 수출기업들은 이런 비상 상황에서 비탄력적 식량 가격을 상승시킴으로써 특별한 이익 창출의 기회로 활용한다. 현실적으로 국제 곡물 시장이나 국내 식품 시장 구조의 경쟁 정도를 높일 방법은 거의 없다. 수입국이나 소비자 스스로 이러한 상황을 인식하고 대비할 수밖에 없다.

(5) 식량 무기화

식량 무기화는 식량 공급력을 가진 어떤 국가가 글로벌 교역을 통제해 식량의 해외의존도가 높은 타국에 외교적, 정치적 영향력을 행사하는 것으로 정의할 수 있다. 국제시장에서 시장지배력을 가진 주요 식량 수출국이 식량 공급을 통제하는 것은 드문 일이 아니다. 제2차 세계대전이 끝날 무렵부터 최대 식량 수출국이었던 미국이 전쟁으로 식량 생산과 유통에 심각한 차질을 겪는 다른 나라에 영향을 주기 위해 주로 이용해 왔다.

1980년 구소련의 아프가니스탄 침공에 대한 응징의 하나로 단행된 식량 수출금지가 대표적 사례로 꼽힌다. 수출금지를 포함한 물량 제한이나 수출세 부과 등의 수단을 통한 식량 무기화는 해당 수입국은 물론이고 수출국에도 적지 않는 경제적, 정치적 피해를 준다. 그럼에도 불구하고 식량 무기화는 여러 명분과 전략적 차원에서 빈번하게 행해진다.

2006년 시작된 글로벌 식량 위기 상황에서도 적지 않은 국가들이 자국의 식량안보를 명분으로 다양한 곡물 수출제한 정책을 시행하였다(표 4). 이 중 상당 부분은 특정 수입국에 대한 식량 무기화의 성격을 띤 것으로 알려져 있다.

표 4 | 애그플레이션 시기 국가별 수출규제 조치

국가	상품	조치내용	조치일
러시아	보리, 밀	수출세(밀 40%, 보리 30%)	2007.11.12.~2008.4.30.
	곡물	카자흐스탄, 벨라루스로 수출금지	2008.2.18.~2008.4.30.
베트남	쌀	수출규제	2008.5.7.~2009.10.1.
세르비아	밀, 옥수수	수출금지	2007.8.4.~2008.3.5.
	소맥분, 분쇄 옥수수	수출할당	2007.11.4.~2008.3.5.
아르헨티나	밀, 보리, 대두	수출세	2007.11.8.~2009.4.1.
이집트	쌀	수출규제	2008.4.1.~2008.10.1.
인도	밀	최저 생산자 가격 인상	2008/09년도 밀
	밀	민간 수입분 관세철폐	무기한
	쌀	수출 하한가 설정	2007.10.1.~2007.12.1.
중국	곡물, 제분 (57품목)	수출세	2008.1.1.~2008.12.31.
	곡물, 제분	수출세	2008.3.1.~2009.3.1.
	쌀	수출세 및 수출 쿼터제	2008.1.1.~2010.7.1.
카자흐스탄	밀	수출규제	2008.4.1.~2008.9.1.
	곡물	수출세	2008.2.1.~2009.1.31.
파키스탄	밀, 소맥분	수출규제	2008.4.1.~2010.12.1.
EU	곡물(일부 제외)	관세철폐	2008.1.1.~2008.6.30.
아르헨티나	대두유, 대두	수출세	2022.3.19.~2022.12.31.
인도	밀	수출금지	2022.5.13.~2022.12.31.
	설탕	수출금지	2022.6.1.~2022.10.31.
인도네시아	팜유 등	수출금지	2002.4.28.~2002.5.22.

국가	상품	조치내용	조치일
러시아	밀, 보리, 옥수수, 설탕 등	수출금지	2022.3.14.~2022.6.30.
	해바라기 씨	수출금지	2022.4.1.~2022.8.31.
	해바라기씨유	수출허가제, 수출세	2022.4.15.~2022.12.31.
튀르키예	식용유	수출금지	2022.3.4.~2022.12.31.
	소고기, 양고기, 염소고기	수출금지	2022.3.19.~2022.12.31.
	버터	수출금지	2022.4.15.~2022.9.30.
	곡물, 식용유 등	수출허가제	2022.3.4.~2022.12.31.
우크라이나	가금류, 계란, 해바라기씨유	수출허가제	2022.3.6.~2022.5.10.
	밀, 설탕 등	수출금지	2022.3.9.~2022.5.10.
말레이시아	닭고기	수출금지	2022.6.1.~2022.8.31.

자료: International Food Policy Research Institute(2022)

2020년 3월, 유엔식량농업기구Food and Agriculture Organization, 세계보건기구World Health Organization, 세계무역기구World Trade Organization 등 주요 국제기구는 전 지구적인 식량위기 가능성을 경고했다. 코로나 사태의 세계적 대유행에 대응하기 위해 일부 국가들이 식량 보호주의에 기초한 곡물 수출제한 조처를 내렸기 때문이다. 브라질은 밀과 옥수수 등 곡물 이동을 제한했고, 아르헨티나 또한 전국적인 국경 폐쇄와 함께 수출제한을 시행하였다. 캄보디아는 쌀 수출을 금지하였고, 미얀마와 베트남도 신규 쌀 수출 허가를 중단했다. 밀의 주요 수출국인 러시아와 우크라이나도 곡물 수출 쿼터 시행 등 수출제한에 동참하였고, 카자흐스탄과 루마니아도 일부 곡물 및 식품류에 대한 수출 중단을 단행했다.

농산물 수입국들은 식량부족이나 국제가격 상승 시 수출국의 식량 무기화 가능성을 우려하고 있다. WTO 규정은 관세나 할당 등 수입 제한에 대해서는 매우 엄격하게 관리하지만, 수출세나 수출금지 등 수출제한에 대해서는 특별한 규제 조치가 없다. 우루과이라운드 협상은 수출제한을 할 경우, 수입국의 식량안보에 미치는 영향에 대해 적절히 고려해야 하고 관련 정보를 사전에 WTO에 통보하도록 하고 있다. 하지만 이런 규정은 특별한 벌칙이 없어 제대로 지켜지지 않는다. FAO 조사에 의하면 2007년부터 2011년 사이 33개국이 최소 한 가지 이상의 농산물 수출제한을 시행한 것으로 보고되었다.

대부분 곡물 시장에서 수출국은 소수인 반면, 수입국은 다수이다. 따라서 주요 수출국 중 한 국가가 수출을 제한하면 국제시장에 미치는 파급효과가 매우 크며, 다수 수출국이 동시에 수출을 제한하는 경우 그 여파는 걷잡을 수 없이 커진다. 식량 수입국들은 항상 식량 무기화의 위험에 노출되어 있다. 따라서 만성적 식량 부족국가나 주요 수입국이 중심이 되어 수출금지 조치에 대한 WTO의 권한을 강화하고, 식량안보를 위한 국내 정책을 허용하는 등 제도적 보완 노력이 필요하다.

애그플레이션 시대의 식량안보

PART

II

식량안보의 측정

전 세계 대부분 국가는 식량안보의 중요성을 인식하고 식량안보를 국가와 정권 존립의 최우선 과제로 설정하고 있다. 또한, 식량안보의 실천 전략을 위해 자국의 식량안보가 어떤 상태인지, 강점과 약점은 무엇인지 분석하고, 약점을 강화하기 위한 세부 실행계획을 수립해 추진하고 있다. 식량안보를 강화하기 위한 첫 번째 단계는 식량안보 상태를 객관적이고 정확하게 측정하는 것이다.

그러나 식량안보 상태의 합리적 측정을 위한 노력은 그 중요성에 비해 빈약하다. 이는 국제무대에서 중심 역할을 하는 주요 선진국들이 거의 식량 수출국이거나 충분한 식량자급률을 가지고 있어 식량 위기로부터 비교적 자유롭거나 오히려 이익을 얻을 수 있기 때문이다. 2022년 우크라이나-러시아 전쟁으로 식량 가격이 최고 수준을 기록할 때 미국의 농산업은 비싼 가격에 더 많은 농산물을 수출한 최대 수혜자였다.

본 장에서는 기존의 식량안보 측정 방법을 비교 검토하고, 현재 사용되는 측정 수단 중 개념적으로 명확하고 유용한 식량안보 지수를 소개한다. 식량안보는 국가 차원의 상태와 가구 차원의 상태로 구분할 수 있다. 이는 국가 전체의 경제력이나 농업 생산성이 높아 식량안보가 튼튼하다 하더라도 소득이나 사회 계층 간 격차가 심해 개별 가구 차원에서는 식량 접근성에 문제가 심각할 수 있기 때문이다. 여기서는 이 두 개념을 구분해 소개한다.

1 국가 단위 식량안보 측정 모형

1.1 국제농업개발기금 식량안보지수

정량적인 식량안보지수는 1990년 UN 국제농업개발기금 International Fund for Agricultural Development에 의해 처음 개발되었다. 국제농업개발기금의 식량안보지수는 소비량을 소비 변동성으로 나누고, 생산량을 생산 변동성으로 나누어 각각에 일정한 가중치를 부여하는 방식으로 구성되어 있다.

$$FSI= a[(\frac{x_1}{1+x_6}(1+x_2)^n)]+b[x_4(\frac{x_3}{1+x_5})]$$

여기서 x_1 =1일 1인당 열량 공급량(%)

x_2 = 1 일 1인당 열량 소비량의 연평균 성장률

x_3 =식량생산지수

x_4 =자급률

x_5 =생산변이계수

x_6 =소비변이 계수

a와 b는 가중치

위 식에서 $x_1/(1+x_6)$은 필요 열량을 측정한 소비 측면의 요소이고, $x_3/(1+x_5)$은 국내 생산 측면의 요소를 나타낸다. 이 두 개념은 각각 열량으로 표시된 공급량과 물량으로 표시된 공급량을 소비 변이계수와 생산 변이계수의 비율로 표시해 공급 위험의

크기를 반영하였다.

이 지수는 단순히 물리적 공급 상황이 얼마나 안정적인가 만을 보여주고 있다. 그러나 만약 곡물 가격이 높은 상태로 유지되어 식량 위기 상태가 되어도 변동성이 낮게 측정된다면 식량안보가 안정적인 상황으로 파악될 가능성이 있다. 또 국내외 재고 등 중요한 변수를 반영하지 못해 식량안보 평가지수로서 적절성이 떨어진다고 볼 수 있다.

성명환 외(2000)는 한국의 식량안보를 측정하는데 국제농업개발기금의 식량안보지수를 아래와 같이 변형해 적용한 바 있다. 변형된 지수는 장단기 식량 수급 계획을 반영하였으나, 이 역시 생산과 소비 부분만으로 구성되어 식량의 해외수입이 많은 한국과 같은 국가의 식량안보 상황을 제대로 반영하지 못하는 한계를 지니고 있다.

$$KREI's\ FSI = a\left(\frac{\text{소비량}}{\text{소비변동성}}\right) + b\left(\frac{\text{생산량}}{\text{생산변동성}}\right)$$

여기서 a, b는 가중치로 각 부문의 물량비중

농협경제연구소(이원진, 2009)에서도 국제농업개발기금의 식량안보지수를 확장해 신식량안보지수(NFSI)를 개발하였다. 이 지수에는 주요 곡물에 대한 국제시장 구조(수입시장구조계수)가 반영되어 있다. 그러나 모형과 추정 방법, 사용된 자료에 따라 산출 결과가 각각 다르게 해석될 수 있고, 개별 품목에 한정해 적용하는 지수기 때문에 종합적인 식량안보 상황을 나타내기에는 한계가 있다.

$$NFSI = \alpha(\frac{열량공급량}{열량공급변동성}) + \beta[a(\frac{생산량}{생산변동성})$$
$$+ b(\frac{수입량}{수입변동성} \times 수입시장구조계수)]$$
$$+ \gamma(\frac{재고변동}{재고변동의 변동성})$$

여기서 α, β, γ는 각 부문의 가중치이고 a, b는 물량비중임

2009년 한국농촌경제연구원Korea Rural Economic Institute은 식량안보에 영향을 미치는 주요 영역을 설정하고, 영역별 세부 지표를 구성해 영역별, 지표별 가중치를 적용한 단일종합지수를 개발하였다. 영역별 가중치는 국가 차원의 식량안보에 미치는 영향력과 위험성, 그리고 정부 정책의 우선순위를 고려해 적용하였다. 하부영역과 세부 지표의 가중치 또한 영향력과 위험성 등을 고려해 부여하며, 이는 전문가 의견 수렴 등을 통해 이루어진다.

KREI의 식량안보지수는 과거 지수에 비해 개선된 점이 있으나, 곡물 자급률과 유사한 추세를 나타내 식량안보 지수로서의 적절성과 유용성이 충분하다고 보기 어렵다. 또한, 국가별 식량안보 상태를 비교하는 데도 어려움이 있다.

1.2 삼성경제연구소 식량안보지수

2011년 삼성글로벌리서치의 전신인 삼성경제연구소Samsung Economic Research Institute에서 개발한 식량안보지수Food Security Index는

2개의 축으로 구성되어 있다. 첫째는 식량의 가용성과 접근성으로 구성된 식량안보 측면이고, 둘째는 생산 지속성, 영양, 환경보전 등으로 구성된 식품 안전 측면이다. 지수를 구성하는 데는 20개의 변수가 사용되었다. 그러나 변수 중 메이저 공급자에 대한 의존도나 농산물 안전성 조사와 같은 개념적으로 명확하지 않은 요소도 포함되어 있고, 농업 연구개발 예산, 노동생산성, GMO 식품 수입 비중 등 식량안보 상태와 직접적 관련성이 적은 지표도 포함되어 있다. 삼성경제연구소 지수는 직관적 해석이 어렵고, 측정 시점의 식량안보 상황을 즉각적으로 알려주거나, 국가 간 비교가 어려운 측면도 있다.

| 그림 10 | SERI 식량안보지수 구조

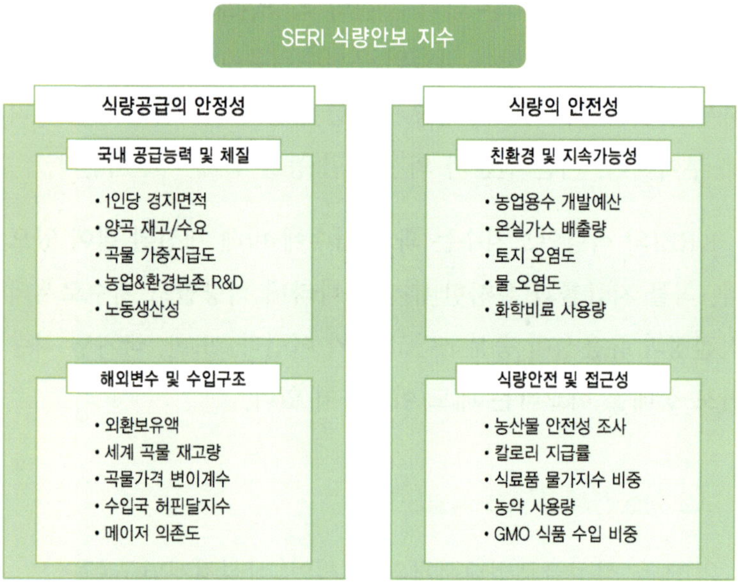

자료: 박환일(2011)

1.3 이코노미스트 글로벌식량안보지수

2012년 영국 경제 전문지인 이코노미스트The Economist에서 글로벌식량안보지수Global Food Security Index를 개발했다. GFSI는 경제적 지불 능력affordability, 물리적 가용성availability, 식량의 품질quality, 그리고 식품 안전성safety을 포괄하는 59개 세부 지표로 구성되어 있다(표 5).

GFSI는 현재 가장 널리 사용되는 식량안보지수라고 볼 수 있다. 그러나 GFSI도 삼성경제연구소의 식량안보지수와 유사한 문제점을 지니고 있다. 농업 R&D에 대한 공공지출이나 농업기반시설과 같은 변수는 측정 당시의 식량 상황을 나타낼 수 없고, 정부가 농민에게 지급하는 자금 접근성access to financing for farmers은 식량안보와 즉각적인 관계가 있다고 보기 어렵다. 설문 조사나 통계학적 추정을 통해 자료를 얻어야 하거나, 즉각적 식량안보 상황을 나타낸다고 보기 어려운 변수를 다수 포함하고 있다.

식량안보지수는 식량 위기 상태의 장소적, 시간적 범위를 한정할 수 있어야 그에 맞는 효과적이고 효율적인 대응 전략을 수립할 수 있다는 점에서 GFSI도 수정, 보완의 여지가 적지 않다고 할 수 있다.

표 5 | Global Food Security Index(GFSI) 구성

구입 능력(32.4%)			가용성(32.4%)		
지표		비중	지표		비중
1	평균 식품 비용의 변화	20.4%	1	공급능력(2)	26.3%
2	세계 빈곤선 이하의 인구 비중	18.5%	2	농업 R&D(2)	9.1%
3	불평등 조정 소득 지수	20.4%	3	농업 인프라(4)	14.1%

4	농산물 수입 관세율	9.3%
5	식품 안전망 프로그램(4)	20.4%
6	시장 접근성과 농업 금융 서비스(3)	11.1%

4	농업생산의 변동성	15.2%
5	접근성에 대한 정치적 및 사회적 장애물(4)	12.1%
6	식량 손실	14.1%
7	식량안보 및 접근 정책 약속(2)	9.1%

품질과 안전성(17.6%)		
지표		비중
1	음식섭취의 다양성	20.3%
2	영양 기준(4)	13.6%
3	미량영양소 가용성(3)	25.4%
4	단백질 품질	23.7%
5	식품 안전(3)	16.9%

천연자원과 회복 탄력성(17.6%)		
지표		비중
1	환경 노출(5)	21.1%
2	물(2)	14.0%
3	토지(3)	14.0%
4	해양, 강 및 호수(2)	12.3%
5	민감성(2)	10.5%
6	적응에 대한 정치적 약속(4)	21.1%
7	인구학적 스트레스(2)	7.0%

주: 지표별 세부 지표는 생략하였으며, 지표의 ( )는 세부 지표의 개수임
자료: The Economist Impact(2022)

1.4 고려대학교 국가식량안보지수

기존의 식량안보지수들은 관련된 변수들을 생략하거나 현재 식량 상황을 파악하는데 불필요한 변수들을 포함하고 있고, 자료를 얻기 위해 추정을 해야 하거나 연구자들의 판단에 의지한다는 단점을 가지고 있다. 이에 저자들이 운영하는 고려대학교 농식품유통무역연구실은 2014년 국가 단위의 식량안보지수가 갖추어야 할 기본원칙을 설정하고, 이에 바탕을 둔 국가식량안보지수National Food Security Index를 개발해 운영하고 있다.

NFSI는 국가 단위의 식량안보에 대한 정의와 식량안보지수가 갖추어야 할 기본원칙을 반영해 개발된 지수이다. 식량안보지수는

식량안보 개념에 충실하면서 해석에 있어 이해하기 쉽고 간단명료해야 한다. 누구나 자료만 주어지면 쉽게 계산하여 같은 결과가 도출될 수 있어야 한다. 또 현재 식량 상황을 파악하기 위해 시기별, 국가별 비교가 가능해야 한다. 무엇보다도 안보지수는 미래 식량 위기에 대해 조기경보를 할 수 있도록 적어도 1년 이상의 예측력을 갖추고 있어야 한다.

(1) 국가식량안보지수(NFSI) 구성 원칙

NFSI 개발을 위해 명시적으로 설정된 기본원칙은 다음과 같다. 첫째, 산출된 지수의 최종값은 0과 1 사이 구간에 속해 해석이 명료해야 하고(유계성Boundedness), 둘째, 국제적으로 신뢰할 수 있는 공개된 자료를 사용해 산출하고(신뢰성Reliability), 셋째, 단순하고 간단하여 누구든지 쉽게 이해하고 누구나 똑같은 결과를 얻을 수 있어야 한다(복제 가능성Duplicability). 또한, 넷째, 자료가 가용한 어떤 국가에 대해서도 산출할 수 있어 국가 간, 시점 간 비교 가능해야 하고(적용 가능성Applicability), 다섯째, 미래 위기 상황에 대한 예측을 통해 조기경보 역할을 할 수 있어야 한다(예측 가능성Predictability). 이 5가지 기준은 국가식량안보지수National Food Security Index의 논리적 타당성과 객관적 신뢰성을 위한 보편적 원칙이라고 할 수 있다.

(2) 국가식량안보지수(NFSI) 모형

정량적 지수를 개발하기 위해서는 먼저 구체적인 식량안보의 정의가 필요하다. 만약 특정 국가가 해당 연도에 국내 공급을 통해 식량에 대한 수요를 충족시키거나 외부 시장 상황에 상관없이 필요한 식량을 경제적으로 확보할 수 있다면 식량안보에 문제가 없다고 할 수 있다. 그러나 이것은 영양 측면에서 안보 상황을 충분히 고려한 것은 아니다. 모든 사람의 영양적 목표 수준을 설정하고, 식량 공급이 영양 차원에서도 목표에 부합하는지를 판단해야 완전한 식량안보지수가 될 것이다. 그러나 영양적 충분함을 정의하는 것은 매우 어려울 뿐 아니라, 합의된 정의를 도출할 수 있다 하더라도 개별 국가 차원의 자료 확보 또한 가능하지 않다. 따라서 그 대안으로 현실적으로 측정 가능한 물량 기준의 식량안보지수와 함께 열량 기준의 안보지수를 개발하였다.

물량 기준 NFSI는 주요 곡물(쌀, 밀, 옥수수, 대두)을 대상으로 하여 계산이 간편하고 이해하기 쉬운 장점이 있다. 반면, 열량 기준 NFSI는 곡물뿐 아니라 육류소비량이 포함된 자급률을 사용해 보다 종합적인 상태를 나타낼 수 있다는 장점이 있다.

NFSI는 물리적, 경제적, 그리고 시장 여건 등 세 가지 요소로 구성되어 있다. 물리적 구성요소는 국내 생산능력, 즉 자급률을 의미한다. 자급률에는 이월재고량을 포함한다. 경제적 구성요소는 다시 경제적 구매력, 소득 평등성, 경제적 안정성 등 세 가지 세부 요인으로 구성된다. 시장 여건은 국제시장의 재고상황을 나타내는 지표를 사용한다(그림 11).

그림 11 | NFSI 구성

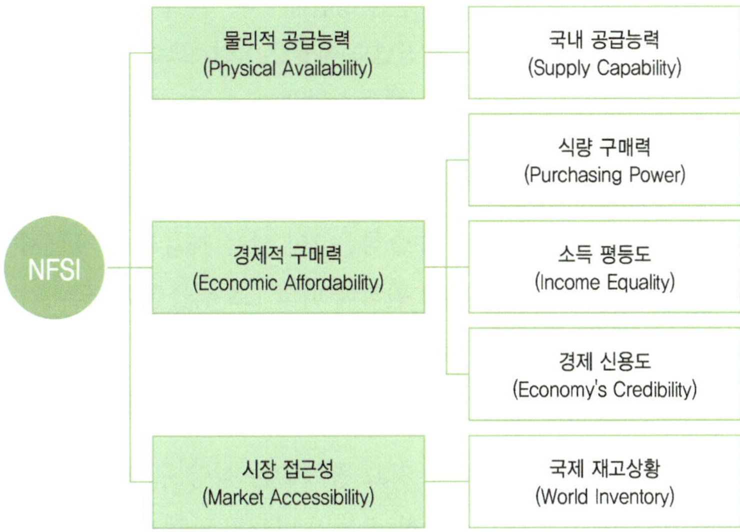

자료: Yang and Kim(2014)

정리하면, NFSI는 3개 부문, 5개 세부 지표로 구성되며, 물리적 공급능력(PA)은 국내 공급능력(SS), 경제적 구매력(EA)은 식량 구매력(PP), 소득 평등도(IE), 경제 신용도(ES)로 구성되고, 시장 접근성(MA)은 국제 재고상황(WI)을 이용하여 구체화한다.

국내 공급능력(SS_i)은 곡물별 자급률을 나타내는데, 여기에는 이월재고량(I_i)이 포함된다.

$$SS_i = \frac{S_i + I_i}{D_i}$$

여기서 $SS_i = i$ 곡물의 연간 자급률(국내 생산 능력)

$S_i = i$ 곡물의 연간 생산량

$I_i = i$ 곡물의 전년도 이월량(이월재고량)

$D_i = i$ 곡물의 연간 소비량

대부분 국가는 물리적 공급능력(PA_i)이 0에서 1 사이의 값을 가진다. 그러나 일부 식량 수출국은 1이 넘는 자급률을 가질 수 있다. 따라서 이 경우 유계성 원칙에 따라 1로 취급한다. 국내 수요를 능가하는 공급은 식량안보 차원에서 '충분히 안정적'인 상태를 의미하기 때문에 유계성을 적용해도 무리가 없을 것으로 본다.

경제적 구매력EA의 세부 지표 중 PP는 식량 구매력을 의미하며, 이는 식료품 소비에 대한 소득의 비율인 엥겔계수Engel's coefficient로 나타낸다. 엥겔계수가 높을수록 경제적 구매력이 감소하여 식량안보 상태에 부정적으로 작용한다. NFSI가 1에 가까우면 안정적 안보 상황을 나타내고 0에 가까우면 불안정한 상황을 나타내므로 PP를 아래 식과 같이 구성하였다.

$$PP = 1 - Engel \text{ 계수}$$

IE는 소득 평등도를 나타내는 지표로, GINI 계수를 사용하였다. 낮은 GINI 계수는 상대적으로 안정된 식량안보 수준을 의미하므로 소득 평등성 지표도 아래와 같이 구성하였다.

$$IE = 1 - Gini \text{ 계수}$$

소득 평등도는 분석 대상 국가의 소득 계층별 식량 확보 능력의 차이를 나타낸다는 측면에서 경제적 구매력과 차이를 가진다. 즉, 전체적인 경제적 구매력이 높다 하더라도 소득 불평등성이 커서 충분한 식량을 확보하지 못하는 국민이 존재할 때 해당 국가의 식량안보에 부정적 영향을 미칠 것을 반영한다.

*ES*는 분석 대상 국가나 경제 전체의 신용도를 나타낸다. 이 지표는 여러 가지 이유로 당장 식량 구매에 필요한 경제력이 부족하더라도 신용으로 구매할 수 있는 능력이나 차후 지급해야 할 이자의 크기를 나타낸다. 만약 거시경제학적 충격 등으로 경제가 불안정해지면 환율이 높아지고 신용을 통한 거래비용이 증가하므로 국제시장으로부터 식량을 구입하는데 더 많은 비용을 지불해야 한다. 예를 들어 한국과 같이 쌀을 제외한 주요 곡물을 거의 수입에 의존하는 국가는 국제 신용도가 낮을 경우, 식량 수입 시 대금 지급이나 물량 확보 등에서 불리한 조건이 발생하여 식량안보를 악화시킬 수 있다. 이를 위한 지표로 무디스Moody's의 국가신용등급 자료를 사용한다.

$$ES = Moody's \text{ 국가신용등급}$$

무디스 신용등급(Aaa~C)을 20개 구간으로 나누고 최고등급인 Aaa에 1.00을 부여하고 1등급이 하락할 때마다 0.05씩 차감하는 방식으로 구성된다. 따라서 최고등급인 Aaa가 1이 되고 최하등급인 C가 0이 된다.

과거 애그플레이션이나 최근의 전쟁 상황에서 전 지구적인 식량

부족이 발생했을 때 많은 수출국이 자국의 소비물량 확보나 물가 안정, 수출 증가 등을 위해 다양한 수출금지 조치를 도입하였다. 이러한 상황에서는 수입국이 충분한 구매력을 가지고 있다 하더라도 필요한 시기에 필요한 물량의 식량을 구매할 수 없어 식량 안보가 급격히 약화 될 수 있다. 이러한 상황을 반영하기 위한 시장 접근성 지표로 국제 재고수준(MA)이 사용되었다.

MA_i는 곡물별 국제시장의 수급 여건으로 국제 곡물 재고량을 FAO가 권장하는 적정재고율(곡물의 2개월분 소비량)로 나눈 값을 사용한다.

$$MA_i = \frac{\text{국제 곡물 재고량}_i}{\text{2개월분의 국제 곡물 소비량}_i}$$

MA_i는 국가의 경제적 구매력이 충분하더라도 국제시장의 수급 여건이 불확실할 경우 식량 수급에 부정적 영향을 미칠 수 있음을 의미한다. MA_i의 경우도 PA_i 같이 국제 재고량이 충분하면 1이 넘을 수가 있으므로 유계성 원칙에 의해 1로 취급한다.

표 6 | 국가식량안보지수(NFSI) 세부 지표

세부 지표		내용
국내 공급능력	PA_i	곡물의 연간 자급률(이월재고량 포함)
식량 구매력	PP	1-Engel 계수(식료품 소비에 대한 소득의 비율)
소득 불평등도	IE	1-GINI 계수
경제 신용도	ES	무디스 국가 신용 등급
국제 재고상황	MA_i	국제 곡물 재고량/2개월 소비량 (FAO 권장 적정재고율)

자료: Yang and Kim(2014)

품목별 NFSI를 계산하기 위해 아래 식과 같이 세 가지 구성요소(물리적·경제적·시장 구성요소)를 서로 곱한다. 그 이유는 세 가지 구성요소가 서로 영향을 미쳐 지수를 구성하기 때문이다. 즉, 특정 구성요소의 한계효과는 다른 구성요소들과 독립적이지 않음을 반영한다. 물리적 구성요소와 시장 구성요소는 품목(i)에 따라 변수의 값이 달라지는 반면, 경제적 구성요소는 품목에 상관없이 공통으로 영향을 미치는 요소이다. 경제적 구매력(EA)은 세부 지표 PP, IE, ES의 산술평균으로 구성하였다. 이는 세부 지표의 상호작용이 적어 독립적으로 구성하는 것이 바람직하기 때문이다.

종합하면 품목별 국가식량안보지수는 아래 식과 같다 :

$$NFSI_i = PA_i \times EA \times MA_i$$

$$\text{여기서 } EA = \frac{(PP + IE + ES)}{3}, \ i = \text{쌀, 밀, 옥수수, 대두}$$

국가 NFSI는 품목별 NFSI의 가중 합으로 구성된다. 아래 식에서 W_i는 품목별 가중치로서 4개 곡물의 총공급액에서 i품목 곡물의 공급액이 차지하는 비율이다.

$$\text{국가 } NFSI = \sum_{i=1}^{n} W_i \times NFSI_i$$

$$\text{여기서 } W_i = \frac{i\text{곡물의 연간 공급액}}{\text{4개 곡물의 연간 공급액의 합}} = \frac{(G_i \times Q_i)}{\sum_{i=1}^{n}(G_i \times Q_i)}$$

$G_i = i$ 곡물의 가격

$Q_i = i$ 곡물의 연간 공급량

가중치로 소비량을 사용하는 것도 고려할 수 있으나, 곡물별 단위의 차이와 열량 함량의 차이가 있기에 금액을 기준으로 설정하였다.

NFSI는 식량안보지수 기본원칙인 적용 가능성에 따라 시기별, 국가별로 지수의 비교가 가능하도록 구성되어 있다. 국가 NFSI는 품목별 NFSI의 가중 합으로 이루어져 있다. 품목별 NFSI를 통해 개별 품목의 식량안보 상황을 파악할 수 있고 국가 NFSI를 통해 종합적인 상태를 분석할 수 있다.

3장에서는 NFSI를 이용해 한국과 주요국의 식량안보 수준과 동향을 비교 분석한다.

2 가구 단위 식량안보 모형

클레이 외Clay et al.(1981)는 가구 단위의 식량 접근성을 국민 전체의 식량 가용성이 아닌 도시 빈민, 영세농민, 독거노인 등 특정 범주 사람들의 복지 취약성 문제로 파악하였다. 이는 역사적으로 국가적인 식량 위기 상황이 비교적 안정적인 시기에도 가구 단위에서는 먹거리 문제로 고통받는 경우가 많았기 때문이다. 국가의 평균적 생산능력이나 경제력이 보장되는 경우에도 저소득층은 식량 문제에서 자유롭지 못하고, 자본주의 경제발전 과정에서 필연적으로 나타나는 소득 불평등 현상이 가구 식량안보를 해칠 수 있다.

현실적으로 국가 단위 식량안보에 비해 가구 단위 식량안보에 관한 연구가 더 활발하다. 주로 가구 식량안보household food security에 영향을 미치는 요인과 가구 식량안보 상황을 분석하는 방법론 등에 대한 연구가 진행되고 있다. 본 절에서는 가구 식량안보에 관한 기존 연구와 저자가 개발한 고려대학교 가구식량안보지수를 소개한다.

2.1 가구 식량안보 관련 선행 연구

세계에서 가장 부유한 미국에서도 가구 단위 식량안보는 상대적으로 취약하다. 이는 미국의 소득 불평등도인 지니계수가 선진국 중에서 가장 높은 사실에서 미루어 볼 때 놀랄 일은 아니다.

여러 연구는 가구 식량안보에 영향을 미치는 대표적 요인으로 소득과 자산 정도를 들고 있다(표 7). 마르코 외Marco et al.(2009)는 미국 오리건주에 거주하는 343가구(18~64세)를 대상으로 설문 분석한 결과, 소득이 34,999달러 이하 그룹이 소득이 75,000달러 이상 그룹보다 식량 불안정을 경험할 가능성이 더 큰 것으로 나타나 소득이 식량안보에 중요한 요인임을 확인했다.

해밀턴 외Hamilton et al.(2009)도 1995년 인구동향조사Current Population Survey 자료를 통해 소득이 빈곤선의 50% 이하 가구에서는 17%가 식량안보가 취약한 상태에 있으나 빈곤선의 185% 이상 가구에서는 1.4%만이 취약하다는 결과를 제시했다. 로즈Rose(1999)의 연구도 이와 유사한 결과를 보이고 있으며, 스위프트Swift(1989)는 자산이 가구 단위 식량안보의 완충 역할을 한다는 결과를 제시하였다.

| 표 7 | 소득이나 자산이 식량안보에 미치는 영향에 관한 연구 사례

연구자	연구내용
Marco et al. (2009)	• 343가구 대상으로 분석한 결과 소득이 34,999달러 이하인 응답자 그룹이 75,000달러 이상인 그룹보다 식량 불안정을 경험할 가능성이 더 큰 것으로 나타남
Hamilton et al. (2009)	• 1995년 CPS 자료를 통해 소득이 빈곤선 50% 이하인 가구에서는 17%가 식량 불안정 상태에 있으나 빈곤선 185% 이상인 가구에서는 1.4%만이 식량 불안정 상태
Rose (1999)	• Hamilton et al.(2009)과 유사한 연구 결과 도출 • 빈곤 가구 중 11.8%와 9.0% 정도만 식량부족 상태에 있는 것으로 파악되어 소득이나 빈곤이 식량 불안정을 충분히 설명할 수 있는 지표로는 부족하다는 판단
Swift (1989)	• 자산은 생산, 교환 및 소비 사이의 완충지대 역할 • 가구의 식량안보 취약 상태 여부는 즉각적인 획득 실패와 기존의 버퍼가 소진되는 정도의 함수관계에 따라 결정

자료: 김원용(2017)

소득 이외의 요인들에 대한 영향 분석도 이루어졌다(표 8). 비켈 외Bickel et al.(2000)는 미국 보건 서베이US-HFSS 등 국가 데이터를 활용해 인구집단 내에서 식량안보를 측정하고, 식량안보와 영양, 건강 및 가정 및 개인 복지와의 관계를 연구하였다. 바타차이아 외Bhattacharya et al.(2004)에서는 같은 소득수준의 가구 중에도 가구원의 실직, 사고 및 의료비 등 갑작스러운 지출, 가구원 증가 등이 식량안보를 위협한다는 결과를 보였다.

국내 연구에서도 최정숙 외(2009)는 전북 장수군 거주 만 60세 이상 191명을 대상으로 실시한 1대1 직접 면접 조사에서 건강상태, 치아 상태, 신체 활용능력 등이 식량안보에 영향을 미치는 것으로 분석하였다.

표 8 | 건강 등이 가구 식량안보에 미치는 영향에 관한 연구 사례

연구자	연구내용
Bickel et al. (2000)	• US-HFSS 등 국가 데이터를 활용하여 인구집단 내에서 식량안보를 측정하고 식량안보와 영양, 건강 및 가정 및 개인 복지의 관계를 연구
Bhattacharya et al. (2004)	• 동일한 소득수준을 보이는 가구 중에도 가구원의 실직, 사고 및 의료비의 갑작스러운 지출 등으로 조사 기간 직전에 가계 적자를 경험한 가구에서 식량 불안정성이 자주 나타남
최정숙 외 (2009)	• 만 60세 이상 191명을 대상으로 실시한 1대1 직접 면접 설문 조사에서 건강상태 인식, 치아의 상태, 장 보러 다닐 수 있는 신체 활용능력, 등이 식품불안정에 영향을 미치는 것으로 분석

자료: 김원용(2017)

가구 식량안보에 영향을 미치는 요인들에 대한 연구와 함께 가구 식량안보 수준을 측정하고 개선 방안을 모색할 수 있는 체계

구성에 관한 연구도 다양하게 이루어졌다. 맥스웰 외Maxwell et al.(1992)는 가구 식량안보 수준이 가구 내 생산수단, 자산 및 소득수준, 그리고 각종 개인 및 사회적 청구권claims 등의 권리entitlement에 달려있다는 결과를 보여주고 있다.

프랑켄버거 외Frankenberger et al.(1998)는 가구생계안보Household Livelihood Security 모델을 제시하였다. 가구생계안보는 식량뿐 아니라 식수, 의료 시설, 교육 기회, 주택, 지역 사회 참여를 위한 시간 등 기본 욕구를 충족할 수 있는 소득과 자산에의 적절하고 지속가능한 접근성으로 정의할 수 있다. 이들은 식량과 영양에 대한 접근성은 생계 안보의 부분 집합으로 파악한다. 이에 따라 식량 수요는 반드시 가구 내에서 생활과 생존의 여타 기본 요구 사항에 비해 더 중요한 것은 아니라고 판단한다. 따라서 식량안보와 관련 있는 사항(교육, 공동체 참여, 건강 등)을 모두 독립적인 안보의 요소로 간주한다는 점에서 타 연구와 차이가 있다.

국내 연구에서 김기랑 외(2009)는 식품보장Food Security 개념을 이용해, 가구 식량안보 수준이 가구와 가구주 특성, 가구의 경제력, 식품 관련 지원 서비스 이용 여부에 따라 차이가 발생한다는 선행연구 결과를 토대로 4개의 영역으로 구성되는 연구 프레임을 설정하였다. 이런 연구 방법은 가구 단위 식량안보를 원인과 결과 측면에서 종합적으로 분석할 수 있는 장점이 있다.

그림 12 | 식품 보장 수준 측정 프레임

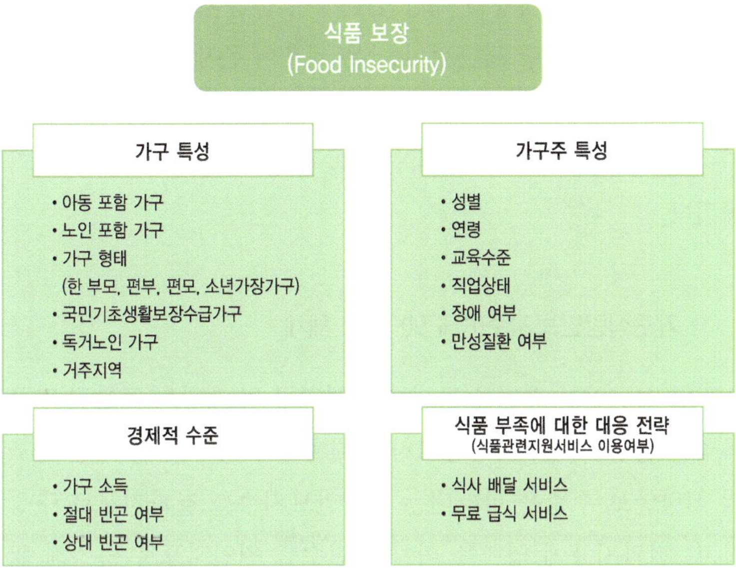

자료: 김기랑 외(2009)

2.2 고려대학교 가구식량안보지수

가구식량안보지수Korea Household Food Security Index는 "가구 구성원이 충분하고 영양적으로 균형있는 식량에 대해 안정적이고 지속적으로 접근할 수 있는 상태"로 정의한 가구 식량안보 개념과 지수로서 갖추어야 할 기본원칙을 반영해 개발하였다.

국가 차원의 식량안보는 국가가 국민 전체의 에너지 요구량을 충족할 수 있는지를 기준으로 판단할 수 있다(Pinstrup-Andersen, 2009).[11] 그러나 가구 단위의 식량안보는 국가 단위의 식량안보를 나타내는 지표를 그대로 적용해 평가하기 어렵다. 국가 전체적으로 식량에 대한 접근성이 충분하더라도 개인이나 가구 차원에서 식량 접근성이 낮은 계층이 존재할 수 있기 때문이다. 특히 계층 간 소득의 불균형이 극심한 경우 국가식량안보지수NSFI는 대다수 가구의 식량안보 상황을 정확하게 보여주기 어렵다.

(1) 가구식량안보지수(KHFSI) 구성 체계

가구 식량안보 개념을 토대로 선행연구 및 개인이 포함된 가구 특성을 반영해 가구식량안보지수 체계를 구성하였다. 개별 가구의 식량안보 수준을 나타내는 식량안보지수를 결과지표로 구성하고, 결과지표에 영향을 미치는 변수를 원인지표로 구성해 원인-결과 구조cause-result framework의 가구식량안보지수 체계를 구축하였다(그림 13).

11) 국내에서도 이러한 정의에 근거하여 국가식량안보지수National Food Security Index를 개발하여 특정 국가의 식량안보 수준을 물리적 가용성physical availability, 경제적 접근성economic accessibility, 국제시장여건world market condition 측면에서 통합적으로 평가한 바 있다(Yang and Kim, 2014).

그림 13 | 가구식량안보지수(KHFSI) 구성

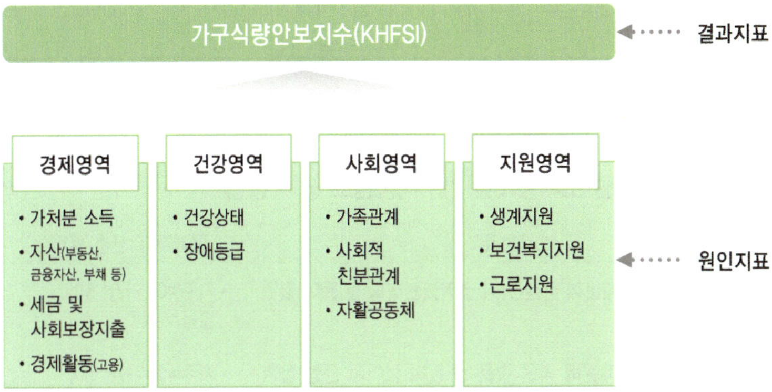

자료: 김원용·양승룡(2017)

가구식량안보지수 결과지표는 개별 가구의 식량안보food security 수준을 평가하는 지표다. 이는 복지패널의 '생활여건' 조사 항목을 이용해 측정하였다(표 10). 복지패널에서는 2008년부터 미국 식품보장 서베이 모듈US-HFSS을 기반으로 개발된 설문 문항(생활 여건 관련)을 보완해 식량안보food security 상태를 조사해오고 있다.[12)]

결과지표는 식량안보 상태 응답 결과를 바탕으로 산출하였다. 조사 문항이 리커트 척도Likert Scale 방식의 이산변수discrete variable

12) 미국의 경우 미국 농무부United States Department of Agriculture에서 매년 가구 식량안보Household Food Security에 대한 설문 조사를 실시하여 발표하고 있다. 측정방법은 18개 설문으로 구성된 문항을 미 통계청의 월간 인구 동향조사The monthly Current Population Survey에 추가하여 조사하고 있다(Coleman-Jensen et al., 2014). 이 조사 모듈의 특징은 면접 조사를 통해 조사가 쉽고 비교적 응답자의 시간적 부담이 적으며 빠른 분석이 가능하다는 점이다(Bickel et al., 2000).

임을 고려해 0에서 100 사이의 값을 적용하였다. 이 유계성Boundedness 조건으로 연도별, 가구별 비교와 해석이 가능해진다. 개별 가구의 가구식량안보지수 결과지표는 〈표 9〉의 개별 문항에 대한 평가지표를 산술평균하여 측정하였다.

| 표 9 | 복지 패널 조사항목별 가구식량안보 평가 방법

조사항목	평가지표 산출 방법
• 경제적인 어려움 때문에 먹을 것이 떨어졌는데도 살 돈이 없었던 경험 여부	• 자주=0, 가끔=50, 없음=100
• 경제적인 어려움 때문에 먹을 것을 살 돈이 없어서 균형 잡힌 식사를 할 수 없었던 경험	• 자주=0, 가끔=50, 없음=100
• 경제적인 어려움 때문에 먹을 것을 충분히 살 수 없어서 가구 내 성인들이 식사의 양을 줄이거나 식사를 거른 경험 여부	• 그렇다=0, 아니다=100
• 경제적인 어려움 때문에 먹을 것을 충분히 살 수 없어서 먹어야 한다고 생각하는 양보다 적게 먹은 경험 여부	• 그렇다=0, 아니다=100
• 경제적인 어려움 때문에 먹을 것을 살 돈이 없어서 배가 고픈데도 먹지 못한 경험 여부	• 그렇다=0, 아니다=100

주: '모름/거부'로 응답한 가구는 제외
자료: 한국복지패널 조사설계서(2012~2015년)

가구식량안보지수 원인지표는 선행연구 결과와 복지 패널 내용을 고려해 경제, 건강, 사회, 복지지원의 4개 영역으로 나누고, 영역별로 세부 지표를 설정하였다(표 10). 각 세부 지표는 복지 패널에 속해 있는 변수들로 구성하였다. 각 변수를 정량화해 세부 지표를 측정하고, 이를 이용해 가구별 원인지표를 측정하였다.

표 10 가구식량안보지수 원인지표별 세부 지표와 복지 패널 조사항목

구분	세부 지표	복지 패널 조사항목(하위 세부 지표)
경제 영역	가처분소득	• 하위 변수
	자산	• 소유부동산: 주택, 주택 외 건물, 토지
		• 점유부동산: 전세보증금, 기타(권리금 등)
		• 금융자산: 예금, 적금, 주식·채권, 기타
		• 농수축산 관련 자산: 농기계, 소, 돼지 등 합산
		• 자동차: 소유한 자동차의 가격
		• 기타재산: 회원권, 차량, 귀금속, 골동품, 상품권
		• 부채: 금융대출, 일반사채, 카드빚, 전세보증금(받은 돈), 외상, 기타부채
	세금 및 사회보장지출금	• 세금: 소득세, 재산세, 자동차세, 종합소득세
		• 사회보장지출금: 국민연금, 건강보험, 고용보험
	가구 내 경제활동 수준	• 경제활동 가구원의 고용상태
건강 영역	건강 상태	• 가구원의 건강상태를 나타내는 변수
	장애등급	• 가구원의 장애등급을 나타내는 변수
사회 영역	가족관계 만족도	• 가구원의 가족관계 만족도를 나타내는 변수
	사회적 관계 만족도	• 가구원의 사회적 관계 만족도를 나타내는 변수
	자활공동체/자활 근로 경험	• 가구원의 자활공동체 및 자활 근로 경험을 나타내는 변수
지원 영역	생계지원	• 생계비 지원 경험 여부
		• 물품 지원 경험 여부
		• 국민기초생활급여 총액
	보건 복지지원	• 가정봉사서비스 경험 여부
		• 긴급복지지원금
		• 기타 바우처 지원금
		• 근로장려세제
		• 에너지 감면 또는 보조(전기료, 가스비 등)
		• 통신 감면 또는 보조(전화비, 인터넷 등)
		• 기타 보조금

구분	세부 지표	복지 패널 조사항목(하위 세부 지표)
	근로 지원	• 공공근로-경험 여부
		• 실업자 직업훈련-경험 여부
		• 창업지원-경험 여부
		• 희망 근로-경험 여부
		• 근로자 능력 개발 훈련-경험 여부

자료: 김원용·양승룡(2017)

경제영역을 구성하는 4개 세부 지표로 가처분소득, 자산(부채 포함), 세금 및 사회보장지출금과 고용상태를 나타내는 가구 내 경제활동 수준으로 구성하였다. 건강영역에서는 건강 상태(5점 척도)와 장애등급(7점 척도)의 2개의 세부 지표로 구성하였다. 사회영역을 구성하는 3개의 세부 지표로 가족관계 만족도(5점 척도), 사회적 관계 만족도(5점 척도), 자활공동체 및 자활 근로 경험 여부(2점 척도)를 선정했다. 정부 복지지원영역은 생계지원, 보건 복지지원 및 근로 지원으로 나누었다. 생계지원 하위 세부 지표인 국민기초생활 급여 총액은 연속변수(금액)로, 보건 복지지원 하위 세부 지표는 가정봉사서비스 경험 여부(이산변수)를 제외하고 연속변수로, 근로 지원 세부 지표의 하위 세부 지표는 모두 척도(이산)변수로 구성하였다.

안정적인 식량안보는 "가구 구성원이 충분한 식량에 대해 지속적으로 접근할 수 있는 상태"를 의미하므로 설문 문항 중 하나라도 불안정한 상태를 경험한다면 식량안보가 취약하거나 취약할 가능성이 있다. 따라서 식량안보 평가지수가 100 미만인 가구는 식량안보 취약 가구로 분류된다.

가용한 복지 패널 자료 중 모형에 포함된 세부 변수가 공히 존재하는 2012년에서 2020년까지의 4,774가구 자료를 이용해 분석하였다(표 11). 전체 가구 중 취약 가구 비율은 2013년 12.67%에서 지속적으로 하락해 2020년 3.81%에 이르렀다. 특히 문재인 정부 이후 5% 이하로 진입하여 상당폭 하락하였다.

표 11 | 가구식량안보지수 분포 및 취약 가구 수

연도	0	~10	~20	~30	~40	~50	~60	~70	~80	~90	100	취약 가구	
												합계	비율
2012	3	2	5	1	10	7	8	10	137	243	4,348	426	8.92
2013	5	3	9	4	15	8	17	31	170	343	4,169	605	12.67
2014	5	3	11	2	13	6	8	25	112	227	4,362	412	8.63
2015	5	1	10	2	9	5	15	14	113	180	4,420	354	7.42
2016	2	1	3	0	7	2	10	7	83	190	4,469	305	6.39
2017	1	3	1	1	2	5	7	4	55	140	4,555	219	4.59
2018	2	2	4	1	4	6	7	6	59	132	4,551	223	4.67
2019	10	0	0	8	0	66	0	0	152	0	4,538	236	4.94
2020	0	0	3	0	1	1	2	3	39	133	4,592	182	3.81
합계	33	15	46	19	61	106	74	100	920	1,588	40,004	2,962	6.89

자료: 김원용·양승룡(2017) 보완

3장에서는 가구식량안보지수(KHFSI) 분석 결과를 활용하여 한국의 가구 식량안보 수준과 현황을 분석한다.

애그플레이션 시대의 식량안보

PART Ⅲ

식량안보 현황

저자의 연구실에서는 국가식량안보지수National Food Security Index를 산출해 세계 식량안보 동향 월례 보고서World Food Security Situation Monthly Report와 연례 보고서Annual Report를 발표하고 있다. 이 보고서는 국제 곡물 수급 현황과 국가별 NFSI 수준, 동향 분석을 제공하고 있다.

1 국제 곡물 수급 현황

주요 곡물(쌀, 밀, 옥수수, 콩) 생산량은 연도별로 꾸준한 증가 추세에 있으며, 2000년대 이후 경제 신흥국의 육류 소비 증가에 따른 사료용 곡물 수요 확대, 바이오 연료생산 확대 등으로 인해 곡물 소비량도 지속적으로 증가하고 있다(그림 14).

| 그림 14 | 국제 곡물 수급 추이

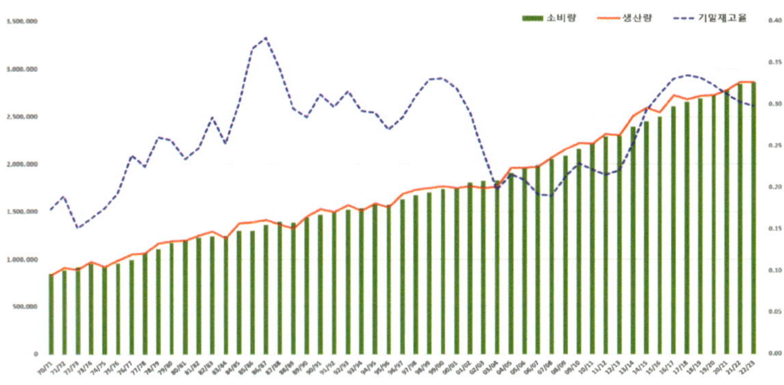

주 1) 쌀(rice, milled), 밀(wheat), 옥수수(corn), 대두(soybeans)를 합한 수치
주 2) 기말재고율 = 기말재고량/소비량
자료: USDA PSD Online Custom Query

2022/2023년에는 전년 대비하여 생산량 0.001% 증가, 소비량 0.5% 증가, 재고량 0.1% 감소할 것으로 전망된다(표 12).

표 12 | 세계 곡물 생산, 소비, 기말재고 추이

구분	1970년대	1980년대	1990년대	2000년대	2010년대	2020/21	2021/22	2022/23
생산량 변화율	4.0%	2.1%	2.1%	2.4%	2.1%	2.1%	3.0%	0.0%
소비량 변화율	3.6%	2.1%	1.9%	2.2%	2.4%	2.1%	2.4%	0.5%
기말재고량 변화율	6.5%	3.9%	3.7%	-0.9%	6.2%	-1.3%	-0.9%	-1.0%

주: 2022/23는 전망치임

쌀, 밀, 옥수수, 대두 등 주요 곡물의 국제가격은 모두 큰 폭의 상승세를 보이고 있다. 밀, 옥수수, 대두는 전년 동월 대비 각각 79.9%, 20.7%, 2.1% 상승하였고, 중립종medium grain 쌀의 경우 28.2%, 장립종long grain의 경우 1.7% 상승하였다(그림 15). 또한 중립종과 장립종 쌀 가격이 3배 이상 차이를 보이면서 사상 최대 격차를 나타냈다. 밀, 옥수수, 대두 가격은 2012/2013년 급등 이후 하락하는 추세를 보였지만, 2020년 다시 가파른 상승세로 돌아섰다. 국제 재고 부족에 대한 우려와, 특히 우크라이나-러시아 전쟁으로 인한 불확실성, 국제 곡물 수요 강세의 영향으로 이들 곡물 가격의 상승세가 이어졌다. 2020년 중후반부터 남미의 건조기후에 따른 출하량 감소도 주요 원인이다.

| 그림 15 | 곡물별 국제가격 추이

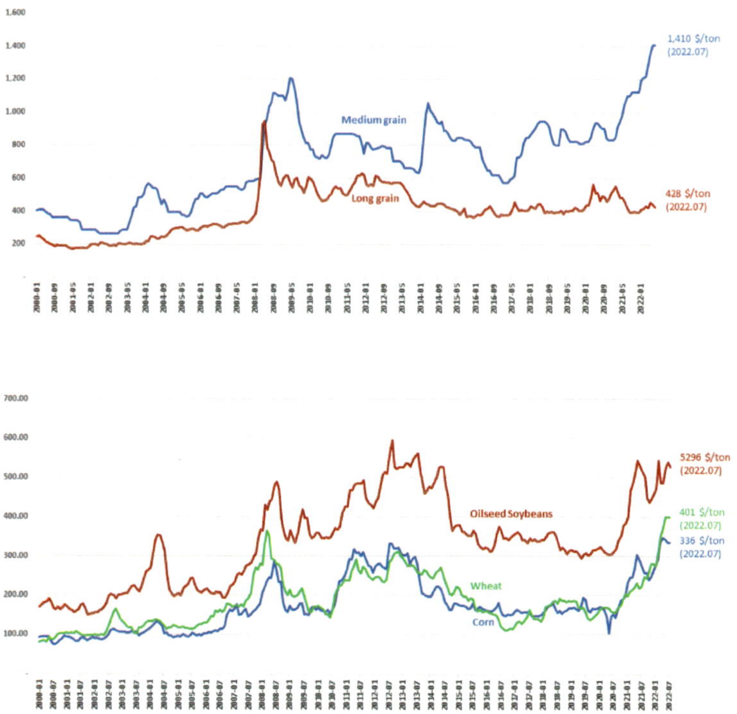

주 1) Wheat(average price of Hard Red Winter in Kansas, Nebraska, Oklahoma and Texas), Corn(U.S.(Gulf), No.2, Yellow), Oilseed Soybeans(U.S.)

주 2) 쌀(중립종): 미국(캘리포니아) F.O.B., 4% 도정율, 1등급, 현지 판매 포장 품질 기준
쌀(장립종): 태국(방콕) F.O.B., 100% B등급 기준

자료: USDA ERS Crops Outlook(Corn, Oilseed Soybeans, Rice, Wheat: monthly average price)

2 각국의 국가 식량안보 현황

표 13은 2022년 NFSI를 통한 국가별 식량안보 순위를 이코노미스트의 GFSI와 비교해 보여주고 있다. NFSI를 통한 국가별 식량안보 순위를 살펴보면 분석 대상 28개국 중 미국, EU 등 곡물 수출국이 높은 순위를 형성하고 있고, 식품 구매력이 낮고 소득 평등도, 경제 신용도가 낮은 국가들이 주로 하위권을 형성하고 있다. NFSI의 결과는 일본의 식량안보 상황(79.5)이 가장 좋은 것으로 분석된 GFSI와 다르며, 직관적으로 좀더 합당한 것으로 보인다. 한국은 2021년의 0.53에서 하락해 0.50로 간신히 안전 상태를 유지하는 것으로 분석되었다.

표 13 | NFSI 국가별 식량안보 순위(2022)

순위	NFSI(2022)		GFSI(2022)	NFSI(2021)
1	미국(0.84)	(▲0.0143)	78.0	캐나다(0.83)
2	캐나다(0.83)	(▼0.0042)	79.1	미국(0.83)
3	EU(0.68)	(▼0.0043)	해당없음	EU(0.70)
4	인도(0.64)	(▲0.0010)	58.9	러시아(0.64)
5	영국(0.62)	(▲0.0516)	78.8	인도(0.64)
6	카자흐스탄(0.62)	(▼0.0060)	72.1	카자흐스탄(0.62)
7	중국(0.59)	(▼0.0073)	74.2	중국(0.57)
8	일본(0.55)	(▼0.0006)	79.5	영국(0.56)
9	몽골(0.51)	(▲0.1847)	해당없음	우크라이나(0.52)
10	한국(0.50)	(▼0.0329)	70.2	필리핀(0.49)
11	우크라이나(0.50)	(▼0.0260)	57.9	인도네시아(0.47)
12	필리핀(0.49)	(▼0.0016)	59.3	키르기스스탄(0.45)
13	러시아(0.49)	(▼0.1506)	69.1	파키스탄(0.44)
14	키르기스스탄(0.49)	(▲0.0423)	해당없음	우즈베키스탄(0.43)
15	우즈베키스탄(0.48)	(▲0.0476)	57.5	멕시코(0.36)
16	인도네시아(0.47)	(▼0.0093)	60.2	베트남(0.36)
17	파키스탄(0.43)	(▼0.0039)	52.2	모로코(0.36)
18	베트남(0.37)	(▼0.0151)	67.9	보스니아(0.33)
19	멕시코(0.35)	(▼0.0076)	69.1	몽골(0.32)
20	보스니아(0.34)	(▲0.0119)	해당없음	대만(0.32)
21	이집트(0.27)	(▲0.0316)	56.0	알제리(0.32)
22	타지키스탄(0.27)	(▼0.0109)	56.7	한국(0.31)
23	이라크(0.25)	(▼0.0420)	해당없음	일본(0.29)
24	알제리(0.25)	(▼0.0567)	58.9	이라크(0.28)
25	대만(0.23)	(▼0.0430)	해당없음	타지키스탄(0.28)
26	모로코(0.20)	(▲0.1690)	63.0	이집트(0.25)
27	이스라엘(0.14)	(▲0.0363)	74.8	요르단(0.18)
28	요르단(0.13)	(▼0.0067)	66.2	이르라엘(0.07)

주 1) NFSI는 안전단계(Green: NFSI 〉 0.5), 경계단계(Yellow: 0.5 ≥ NFSI 〉 0.25), 위험단계(Red: NFSI ≤ 0.25)로 구분함
주 2) FSI는 2022년부터 0~100 사이의 값으로 식량안보 수준을 발표함
주 3) 괄호는 전년 대비 NFSI 증감 값임
자료: 세계 식량안보 월간 동향

NFSI로 산출된 2022년 국별 식량안보 상태를 기후 및 정치·경제·문화적으로 유사한 4개 지역(동아시아, 아메리카·유럽, 동유럽·중앙아시아, 중동·서아시아)으로 구분하여 각 지역에 속한 국가의 식량안보 추이를 간략하게 분석한다.

2.1 동아시아

동남아시아 및 동북아시아의 경우 동아시아 3국인 한국, 중국, 일본과 몽골은 안전단계에 있으며, 동남아시아에 위치한 인도네시아, 필리핀, 베트남은 경계 단계, 대만은 위험 단계에 속해 있다.

한국의 식량안보는 2011년 이후 크게 증가하였으나, 2018년 이후 하락 추세에 있다. 한국의 경제적 접근성은 양호하나 쌀 이외의 곡물(밀, 콩, 옥수수) 자급률이 낮은 수준에서 반등하지 못한 것이 식량안보를 취약하게 만드는 주요 원인이다.[13] 가장 비중이 큰 쌀 가격 하락에 따라 공급액 기준의 쌀 가중치가 감소하며 2022년 NFSI가 전년 대비 약간 하락하였다(0.53 → 0.50).

---

13) 농림축산식품부는 밀 자급률 5%(재배면적 3만ha, 생산량 12만 톤)를 목표로 〈제1차 기본계획(2021~2025년)〉을 발표하였다. 이를 위해 밀 재배면적 확대, 생산단지 조성 등을 계획하였다.

일본의 경우 2000년 이후 식량안보 수준이 하락하는 추세를 나타내고 있다. 곡물별 국내 공급능력, 경제적 구매력 등 한국과 유사한 수준을 보이고 있다. 그러나 최근 쌀 생산이 감소하며 2022년 NFSI는 전년 대비 미미하게 하락하였다(0.54 → 0.54).

중국의 경제적 구매력은 한국, 일본과 유사하거나 낮은 수준에 있지만 밀, 쌀, 옥수수에 대해 안정적인 국내 공급능력을 유지하고 있다. 또한, 지난 18년간 핵심 국정과제로 3농(농업, 농촌, 농민) 발전과 식량안보 정책을 강력히 추진하여 2013년 일본을 추월한 이후 동아시아 3국 중 가장 높은 수준을 나타내고 있다.

ASEAN Association of Southeast Asian Nations 지역 공동체를 형성하고 있는 동남아시아 3국은 식량 구매력과 소득 평등도 모두 비슷한 수준이며, 식량안보 수준도 경계 단계로 유사하다. 인도네시아와 필리핀은 쌀, 옥수수 자급률이 100% 이상으로 안정적이며, 특히 인도네시아는 2000년 이후 경제 신용도가 6단계 상승하는 등의 이유로 식량안보가 상승 추세에 있다. 필리핀은 2013년 안전단계에 진입하였으나 2021년, 전년 대비 약간 하락하며, 경계 단계로 재진입하였다. 쌀의 주요 수출국인 베트남은 필리핀 대비 4단계 낮은 경제 신용도를 보이는 등 2000년 이후 하락 추세에 있으며, 특히 2008~2011년에 경계단계에 진입하여 식량안보가 취약한 상태를 나타내고 있다.

그림 16 | 동아시아 지역 국가의 NFSI 현황(2022)

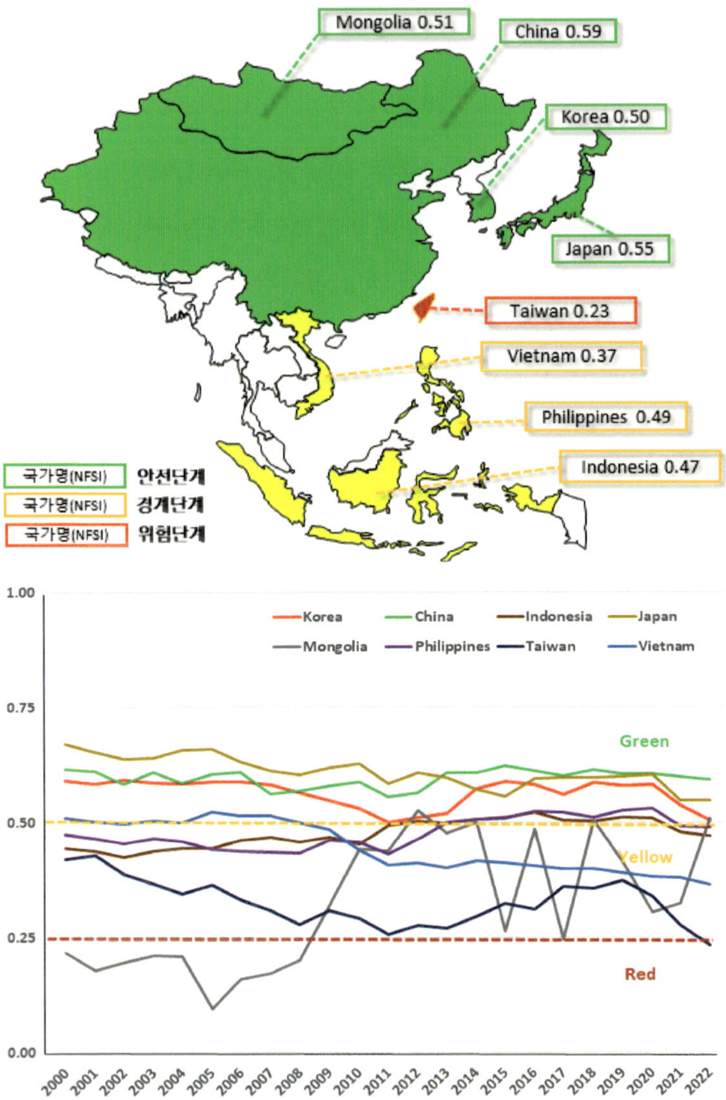

자료: 세계 식량안보 월간 동향

2.2 아메리카 및 유럽

아메리카 및 유럽 지역의 경우, 북미지역(미국, 캐나다), 유럽연합 및 영국의 식량안보는 높은 수준을 보이며 안전단계에 위치해 있다. 이에 반해 중남미 지역의 멕시코는 하락 추세를 보이며 경계단계에 위치해 있다.

미국과 캐나다는 모든 곡물 자급률이 100%를 넘어 국내 공급능력이 안정적이며, 경제적 접근성 또한 높다. 두 국가 모두 2013년 이후부터 분석 대상 28개국 중 가장 높은 수준을 안정적으로 유지하고 있다.

비교적 높은 식량안보 수준을 유지하는 유럽연합은 2000년부터 현재까지 0.7을 중심으로 미미하게 상승 및 하락을 반복하고 있다. 콩, 밀의 자급률은 100% 이상으로 안정적이며, 옥수수와 쌀의 국내 공급능력도 비교적 높은 수준이다. 또한, 경제적 구매력도 높다. 하지만, 글로벌 금융위기 이후 2년간 취약한 상태를 보였으며(2008년 0.74 → 2010년 0.67), 2021년부터 다시 미미하게 하락하는 추세에 있다.

2020년 1월 영국은 유럽연합에서 탈퇴하였다. 이후 신용등급이 1단계 하락하는 등의 이유로 식량안보 수준이 상당히 하락하였으나(2019년 0.61 → 2020년 0.50), 2022년 전년 대비 상당히 상승하며 과거 상태를 회복하고 있다(2021년 0.56 → 2022년 0.61).

멕시코는 2011년 사상 최저점(0.32)을 기록한 이후 약간 상승하였으나, 2018년 이후 다시 하락하고 있다. 4개 곡물 중 식량에서 가장 중요한 옥수수의 자급률은 69%로 가장 높다. 하지만, 2022년 옥수수 생산량이 전년 대비 감소하며 식량안보 수준 또한 전년 대비 하락하였다(2021년 0.35 → 2022년 0.34).

| 그림 17 | 아메리카 및 유럽 지역 국가의 NFSI 현황(2022)

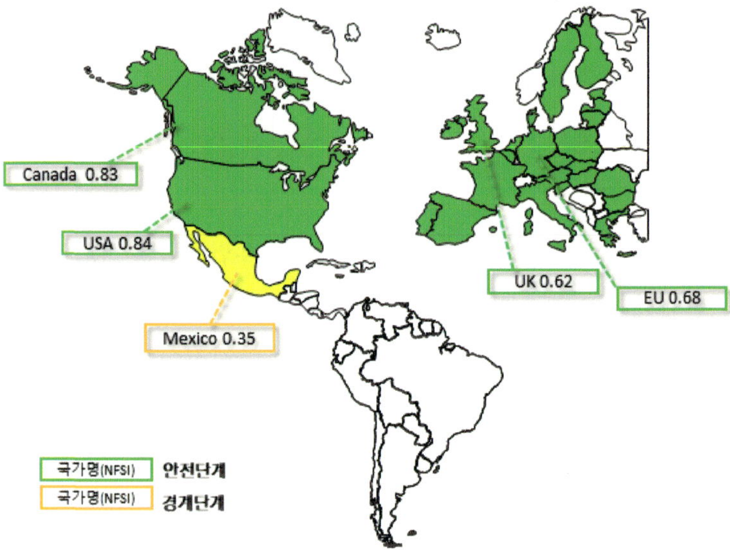

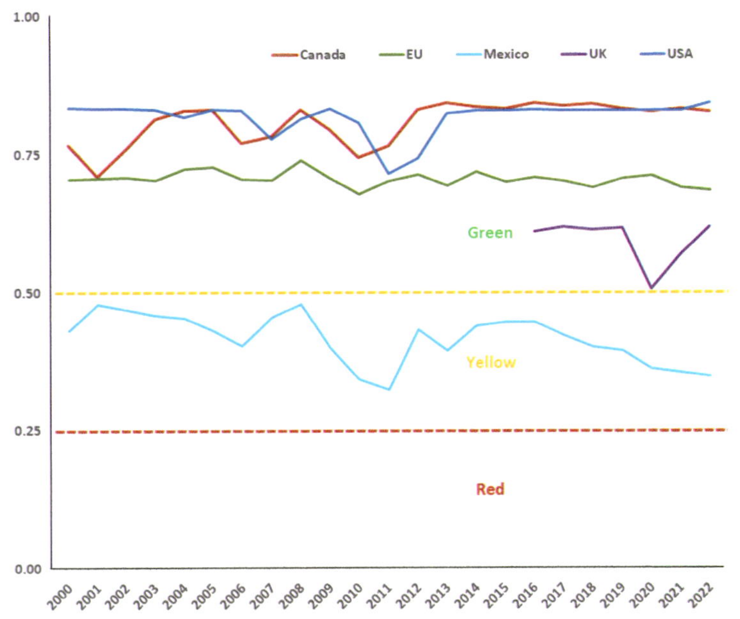

자료: 세계 식량안보 월간 동향

2.3 동유럽 및 중앙아시아

동유럽, 러시아, 중앙아시아 지역의 경우 카자흐스탄의 식량안보 수준은 안전 단계이며, 러시아, 우크라이나, 키르기스스탄, 타지키스탄, 우즈베키스탄, 보스니아는 경계 단계에 속한다. 이 지역 7개 국가는 곡물 자급률과 경제적 접근성이 대체로 유사하다. 그러나 2022년 2월 우크라이나와 러시아 전쟁이 발발함에 따라 해당 국가의 신용등급이 크게 하락하며 식량안보 수준이

상당히 하락하였다. 러시아의 경우 4개 곡물 자급률은 안정적이며, 우크라이나-러시아 전쟁 전까지 7개 국가 중 식량안보 수준이 가장 높았다. 하지만, 전쟁의 영향으로 신용등급이 10단계 하락하였다(Baa3 → Ca, 2022년 3월). 이에 식량안보는 상당폭 하락하여 경계 단계에 진입했다(0.64 → 0.49). 우크라이나는 2018년 안전 단계 진입 이후 상승추세였으나 최근 전쟁으로 인해 신용등급이 B3에서 Caa3로 세 단계 하락하며 경계 단계로 재진입하였다(0.52 → 0.49).

| 그림 18 | 동유럽, 중앙아시아 지역 국가의 NFSI 현황(2022)

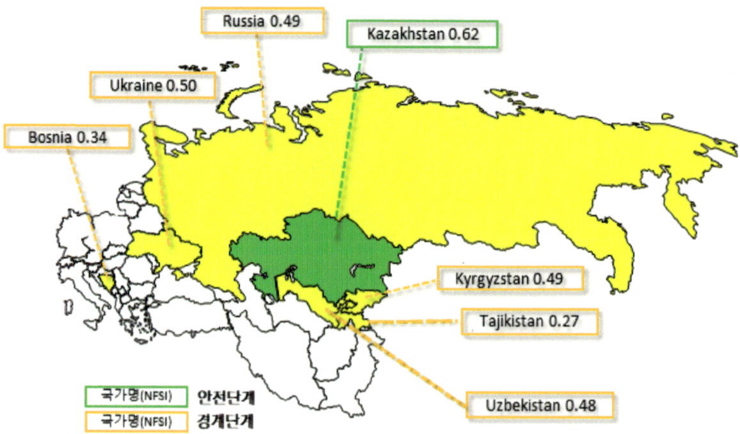

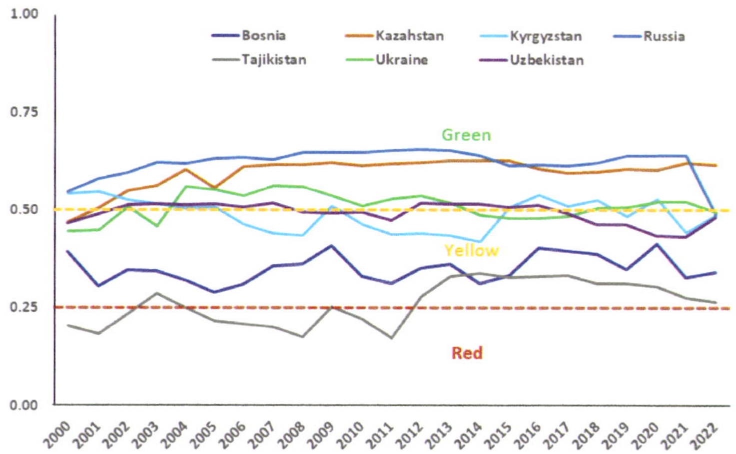

자료: 세계 식량안보 월간 동향

카자흐스탄은 2001년 안전 단계 진입 이후 지속적인 상승추세에 있다. 특히, 국내에서 중요도가 높은 옥수수, 밀, 콩의 자급률이 100% 이상으로 안정적이며, 쌀 또한 78%로 비교적 높은 공급 능력을 보인다. 우즈베키스탄의 경우 2017년 경계 단계 진입 이후 하락 추세에 있었지만, 최근 밀 예상 생산량 증가 및 소비량 감소에 따라 2022년 식량안보 수준은 전년 대비 미미하게 상승했다(0.43 → 0.48). 옥수수와 밀 자급률이 안정적인 키르기스스탄은 2016년 식량안보 수준이 상승해 안전 단계에 진입하였으나, 이후 하락 추세를 보이고 있다. 7개 국가 중 식량안보 수준이 가장 낮은 타지키스탄은 2012년 위험단계에서 경계 단계로 진입한 후 계속 상승하였으나, 2014년 이후 하락 추세를 보이며 위험 단계 재진입 가능성이 있다.

2.4 중동 및 서아시아

중동 및 서남아시아 국가의 식량안보는 변화가 큰 편이다. 인도와 파키스탄을 제외한 국가는 충분한 국내 공급능력을 갖추지 못하고 있다. 모로코, 알제리, 요르단, 이라크, 이스라엘 등 5개국은 식량안보 위험단계이며, 이중 모로코, 알제리, 이라크는 2022년에 위험단계에 진입하였다. 파키스탄과 이집트는 경계단계에 속한다.

인도는 장기간 안전 단계를 유지하고 있다. 2000년 이후 지속적인 상승추세에 있으며 높고 안정적인 식량안보 수준을 보인다. 경제적 접근성은 다른 국가보다 높지 않으나 4개 곡물 모두 자급률이 100% 이상으로 안정적이다. 파키스탄은 2007년 안전 단계에 진입했으나, 2008년부터 경계 단계로 재진입한 후 지속적인 하락 추세에 있다.

2000년부터 경계 단계에 속한 이집트는 지속적인 하락 추세에 있다. 2021년 전년 대비 하락하며 위험단계에 진입하였으나, 2022년 경계 단계로 재진입하였다(0.24 → 0.27). 이집트는 최근 나일강 인근의 대규모 농지 확장 사업 등을 통해 식량안보 제고를 위한 프로젝트를 진행하고 있다.[14)]

이라크의 식량안보 수준은 변동이 크다. 1980년대 이후 3차례의 전쟁과 유엔의 금수 조치로 농업생산 기반 시설이 심각하게

14) 이집트는 2년 단위인 농업 프로젝트 뉴 델타(New Delta)의 일환으로 2021년 모스타크발 미스르Mostaqbal Misr 프로젝트를 진행 중이며, 나일강 삼각주 서쪽 지역에 대규모 농업 면적 확대를 위한 공동체를 형성하고 있다(KIEP, 2021.4.8.).

훼손되었다. 특히, 2003년 이라크 전쟁의 영향으로 2005년 식량안보 수준은 위험단계로 하락하였다. 최근 밀 자급률은 과거 수준으로 회복하고 있지만, 지속적인 내전, 정치·사회적 불안정, 이상기후, 주변 국가와의 농업용수 갈등 등에 따라 식량안보 회복에 어려움을 보이고 있다.[15)]

이라크와 마찬가지로 불확실성이 큰 모로코의 식량안보는 2022년에 전년 대비 상당히 악화하며 위험단계에 진입하였다 (0.37 → 0.20). 알제리 역시 2019년 이후 하락 추세를 보이며 2022년 위험단계에 진입하였다. 2000년부터 위험단계에 속해 있는 이스라엘은 경제적 접근성이 8개 국가 중 가장 높지만, 4개 곡물의 자급률이 낮아 식량안보 수준이 낮은 상태에 머물고 있다.

이렇듯 각국의 식량안보 상황은 다양한 요인에 의해 결정되며, 국내외적 여건에 따라 커다란 변동성을 보이고 있다. 식량안보를 유지 내지 강화하기 위해서는 국내 공급능력뿐 아니라 종합적인 대응력이 필요함을 알 수 있다.

15) 2010년 미군 철수 후에도 이슬람교 내 종파(수니파·시아파) 간 갈등, 2014~2017년 IS 정부 장악, 이상기후(고온, 가뭄 등), 터키의 강물 잠식 문제 등이 발생하여 자국 식량안보에 영향을 미쳤다(KATI, 2018.7.29., 중앙일보(2019.9.1.6.).

| 그림 19 | 중동 및 서아시아 지역 국가의 NFSI 현황(2022)

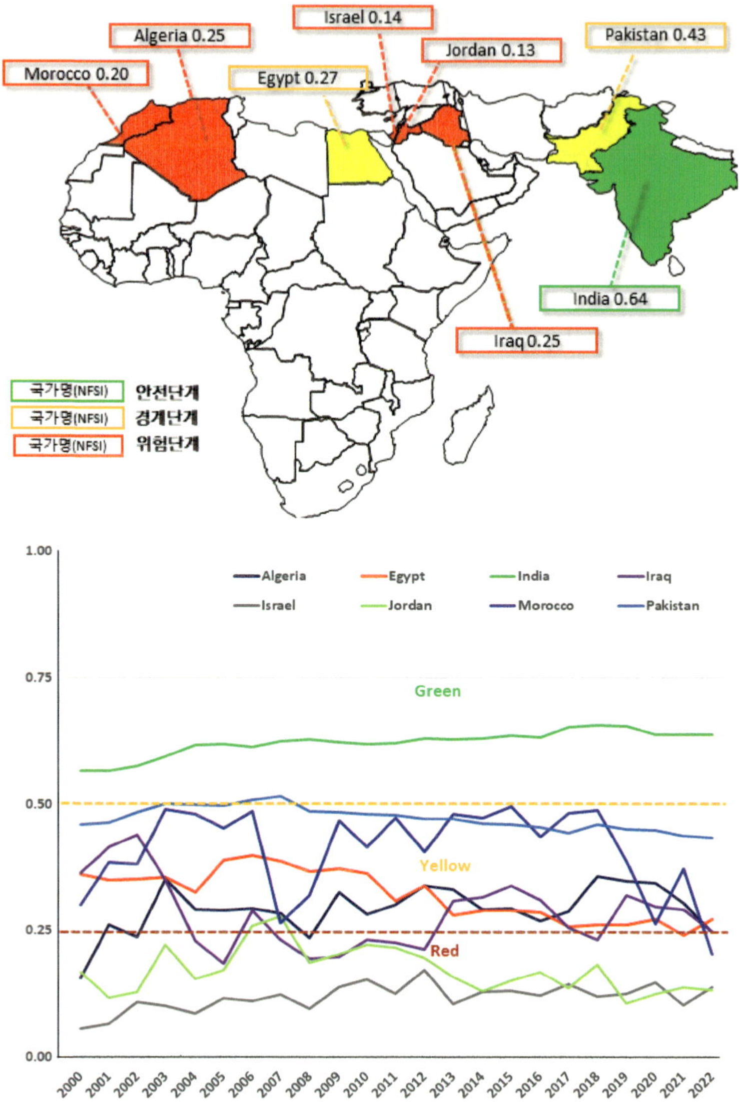

자료: 세계 식량안보 월간 동향

2.5 한국의 식량안보

한국의 식량안보 상황은 2022년 현재 0.5045로 비교적 안정적이라 할 수 있다. 국가식량안보지수 분석 기간 내내 안전 단계에 속해 있었다. 하지만, 2007~2008년 애그플레이션을 겪으며 경계 단계 진입 직전까지 하락하였고(2000년 0.5916 → 2011년 0.5008), 이후 과거 수준을 회복하였으나 2018년부터 계속 하락하며 가장 낮았던 2011년 수준을 약간 상회하고 있다.

최근 러시아와 우크라이나 전쟁을 통해 다시 확인한 먹거리 안보의 중요성을 국정 전반에 반영해야 할 것이다. 한국의 식량안보는 근본적으로 밀, 콩, 옥수수의 낮은 자급률, 국제 곡물 가격에 영향을 많이 받는다.[16] 인구 대국이면서도 식량안보 수준이 높은 중국의 쌀, 밀, 옥수수의 자급률이 1 이상이며, 식량안보가 지속 상승하는 인도네시아의 경우, 쌀 의존도 감소를 위해 작물 다양화를 추진하고 있다. 대부분 선진국은 식량안보 선진국이었으며, 이 중 식량자급률이 가장 중요한 수단임을 국가식량안보지수를 통해 확인할 수 있다. 우리도 밀, 콩, 옥수수 등 기초 식량 및 사료 작물의 자급률을 확대하는 것이 최우선 과제라고 할 수 있다.[17]

16) 2022년 11월 기준 쌀 국내 공급능력은 1.28인 반면, 밀은 0.45, 옥수수는 0.18, 콩은 0.12이다.

17) 식량자급률을 2027년까지 55.5%까지 상향하고, 밀·콩 자급률은 각각 8.0%, 43.5%까지 상향한다(농림축산식품부, 2022.12.22.).

3 한국의 가구 식량안보 현황

본 절에서는 2012년부터 2020년 복지 패널을 이용해 가구식량안보지수KHFSI를 통해 나타난 한국의 가구 형태별 식량안보 수준과 식량안보에 영향을 미치는 요인을 분석한다. 또한 한국 사회의 주류 형태가 되어 가는 1인 가구와 노인가구 등 가구 형태별 식량안보 상황을 분석한다.

3.1 소득수준별 가구 식량안보

분석 대상 중 저소득층 가구 수는 일반 가구[18]의 83.5% 수준이나 식량안보 수준은 일반 가구가 저소득층 가구에 비해 2.5%p 높은 상태에 있다.

전체 가구 대비 가구식량안보지수KHFSI가 100 미만인 식량안보 취약 가구 비율은 일반 가구의 경우 1.45%(표 14)인 반면, 저소득층 가구의 경우 13.41%에 달해(표 15) 일반 가구에 비해 취약 가구가 약 9배 많은 것으로 나타났다.

---

18) 복지패널 설정 기준에 따라 중위 균등화 소득의 60%를 기준으로 하여 60% 이상은 일반 가구로, 60% 미만은 저소득층 가구로 구분하였다.

표 14 | 가구원 수에 따른 식량안보(KHFSI) 수준 분포(일반 가구)

(단위: 가구, %)

가구원수	식량안보 수준													식량안보 취약 가구 비율(%)
	0	~10	~20	~30	~40	~50	~60	~70	~80	~90	100	합계	KHFSI	
1인	1	1	1			3	2	1	22	33	2,960	3,024	99.56	2.12
2인			1		1	1	1	1	21	53	7,141	7,220	99.83	1.09
3인	1			1			1	2	21	42	5,179	5,247	99.78	1.30
4인					1	1	3	2	23	57	5,687	5,774	99.77	1.51
5인							1		14	18	1,645	1,678	99.70	1.97
6인								1	2	6	366	375	99.64	2.40
7인											84	84	100.00	0.00
8인											4	4	100.00	0.00
9인											5	5	100.00	0.00
합계	2	1	2	1	2	5	8	7	103	209	23,071	23,411	99.76	1.45

자료: 김원용(2017) 보완

표 15 | 가구원 수에 따른 식량안보(KHFSI) 수준 분포(저소득층 가구)

(단위: 가구, %)

가구원수	식량안보 수준													식량안보 취약가구 비율(%)
	0	~10	~20	~30	~40	~50	~60	~70	~80	~90	100	합계	KHFSI	
1인	23	8	27	11	37	62	46	63	497	767	8,239	9,780	96.61	15.76
2인	6	3	8	7	10	26	13	16	224	430	6,893	7,636	98.19	9.73
3인	1		7		8	10	3	10	48	115	1,160	1,362	96.92	14.83
4인	1	1	2		3	1	3	2	23	45	482	563	97.00	14.39
5인		2			1	2	1	1	21	19	137	184	94.38	25.54
6인								1	3	3	20	27	95.37	25.93
7인									1		2	3	93.33	33.33
합계	31	14	44	18	59	101	66	93	817	1,379	16,933	19,555	97.24	13.41

자료: 김원용(2017) 보완

전체 가구의 식량안보 수준은 98로 대체로 양호한 상태를 보이고 있다. 그러나 식량안보 취약 가구는 2,962가구(전체의 3.81%)로 여전히 적지 않은 가구가 먹는 문제로부터 안전하지 않다. 이들 가구의 식량안보 수준은 2019년 63.1까지 하락해 심각한 상태에 있음을 알 수 있다. 또한, 식량안보 지수의 변이계수가 증가하는 추세에 있어 식량안보가 질적으로 악화하고 있음을 보여주고 있다. 2020년 취약 가구의 식량안보 수준이 전년 대비 35.49%가 상승했는데, 이는 코로나 사태 피해에 따른 긴급재난지원금 등 일시적 영향일 것으로 보인다.

| 표 16 | 전체 가구 대비 식량안보 취약 가구의 식량안보 수준 기초 통계량

구분	전체 가구(4,774)					취약 가구						전체 가구 대비 비율 (%)
	최대	최소	평균	표준편차	변이계수	최대	최소	평균	표준편차	변이계수	가구 수	
2012년	100	0	98.39	6.87	0.07	90.00	0	81.94	15.22	0.19	426	8.92
2013년	100	0	97.59	8.63	0.09	90.00	0	80.96	16.45	0.20	605	12.67
2014년	100	0	98.23	7.98	0.08	90.00	0	79.48	18.81	0.24	412	8.63
2015년	100	0	98.45	7.46	0.08	90.00	0	79.06	18.56	0.23	354	7.42
2016년	100	0	98.91	5.54	0.06	90.00	0	82.88	14.33	0.17	305	6.39
2017년	100	0	99.21	4.87	0.05	90.00	0	82.69	15.19	0.18	219	4.59
2018년	100	0	99.11	5.52	0.06	90.00	0	80.85	17.43	0.22	223	4.67
2019년	100	0	98.18	9.03	0.09	75.00	0	63.14	18.90	0.30	236	4.94
2020년	100	20	99.45	3.51	0.04	90.00	20	85.55	11.02	0.13	182	3.81

자료: 김원용(2017) 보완

식량안보를 결정하는 요인을 분석하기 위한 설명 변수로 사용된 경제활동 수준(경제영역), 가족관계, 사회적 관계, 자활공동체

(사회영역), 생계지원의 기초통계는 〈표 17〉과 같다.

식량안보 취약 가구의 경제영역과 건강영역 변수들은 전체 가구(4,774)[19]에 비해 모두 낮은 것으로 나타났고, 사회영역의 자활공동체와 지원영역의 근로지원도 평균값이 각각 0.57과 0.18로 매우 낮은 것으로 나타났다.

| 표 17 | 식량안보 결정요인 모형 설명변수 기초 통계량(2012~2020년)

기초 통계	경제영역				건강영역		사회영역			지원영역		
	가처분 소득	자산	세금 및 사회 보장 지출	경제 활동 수준	건강 상태	장애 등급	가족 관계	사회적 친분 관계	자활 공동체	생계 지원	보건 복지 지원	근로 지원
최대	100.00	83.37	94.55	89.46	80.57	56.79	100.00	100.00	100.00	100.00	89.88	40.00
최소	35.37	42.22	41.60	21.68	7.96	0.00	0.00	0.00	0.00	0.00	46.43	0.00
평균	49.14	49.50	48.93	50.06	48.88	50.04	70.25	67.32	0.57	35.28	49.51	0.18
표준 편차	11.76	6.09	9.77	16.64	16.17	14.87	16.21	14.71	6.95	35.14	5.90	1.57
변이 계수	0.24	0.12	0.20	0.33	0.33	0.30	0.23	0.22	12.10	1.00	0.12	8.81

자료: 김원용(2017) 보완

취약 가구를 대상으로 한 식량안보 요인 분석 결과(표 18), 경제 영역에서는 가구 전체의 가처분 소득과 자산 수준, 건강영역에서는 가구원의 건강 상태, 사회영역에서는 가구원의 가족관계 만족도와 자활공동체 및 자활 근로 경험, 정부지원 영역에서는 생계비 수취, 에너지 감면 또는 보조(전기료, 가스비 등) 여부가

19) 전체 4,774가구(2012년~2020년)의 세부지표의 평균값은 가처분소득(49.14), 자산(49.50), 세금 및 사회 보장 지출(48.93), 경제활동 수준(21.68), 건강상태(48.88), 장애등급(50.04), 생계지원(35.28), 보건복지지원(49.51)으로 나타났다.

유의한 영향을 미치는 것으로 나타났다. 경제영역에서는 자산의 크기가 가장 중요한 영향을 미치는 것으로 나타났다. 자산이 1만 원 증가하면 식량안보 수준은 약 1.02 상승한다. 이는 가처분 소득의 2배에 해당하는 것으로 분석되었다.

건강영역에서는 가구원의 건강 상태가 긍정적 요인으로 나타났으나, 장애 정도는 유의한 변수가 아닌 것으로 분석되었다. 사회영역에서는 가족관계 만족도와 자활공동체 및 자활 근로 경험이 유의한 영향을 미치는 것으로 나타나 친밀한 사회적 관계가 먹거리 안보에 중요한 요인으로 분석되었다.

정부지원 영역에서는 생계비 지원과 에너지 보조(전기료, 가스비 등) 등도 식량안보에 중요한 것으로 미치는 것으로 나타났다. 그러나 그 외 지원금 등은 등은 식량안보에 미치는 영향이 적고 유의하지 않은 것으로 나타났다.

긴급지원제도의 경우 위기 상황에 현금지원이 이루어진다는 측면에서 긍정적 효과를 기대했으나 유의한 영향을 미치지 못하는 것으로 분석되었다. 이는 가구의 식량안보 제고를 위한 정부지원 정책에 대한 세밀한 재검토가 필요함을 시사한다.

표 18 | 취약 가구의 식량안보 요인 분석 결과

설명변수		추정 계수	t 값
경제영역	가구 전체 가처분소득	0.580**	2.22
	가구 전체 자산	1.020***	3.76
	세금 및 사회보장 지출	−0.498	−1.42
	경제활동 수준(고용)	−0.037	−0.58
건강영역	건강상태	0.123***	2.69
	장애 정도	0.024	0.61
사회영역	가족관계 만족도	0.167***	3.12
	사회적 친분관계 만족도	0.007	0.18
	자활공동체 및 자활근로 경험	0.105*	1.37
지원영역	생계비 지원 경험 여부	0.076***	3.11
	물품 지원 경험 여부	−0.055	−3.21
	가정봉사서비스 경험여부	−0.002	−0.07
	긴급복지지원금	0.167	1.37
	기타 바우처 지원금	−0.173	−1.91
	근로장려 세제	−0.128	−1.71
	에너지 감면 또는 보조(전기료, 가스비 등)	0.086*	1.91
	통신 감면 또는 보조(전화비, 인터넷 등)	−0.016	−0.32
	근로 지원	0.403	1.16

3.2 가구 형태별 식량안보 현황

최근 1인 가구가 증가하여 사회경제적으로 중요한 이슈가 되고 있다. 가구원 수에 따른 식량안보 수준을 보면 1인 가구의 식량안보 수준이 비1인 가구에 비해 상당히 열악하다(표 14). 1인 가구의 경우 식량안보 취약 가구 비율이 12.54%로 2인 이상 가구의 2배 이상이다. 전체 가구 대비 식량안보 취약가구 비율도 6.89%에 달하고 있다. 또한, KHFSI 50 이하인 1인 가구가 상대적으로 매우 많다. 또한, 가구원 수가 적어짐에 따라 KHFSI이 하락하는 경향을 보인다. 이는 한국의 사회인구학적 변화가 식량안보에도 나쁜 영향을 미치는 방향으로 진행되고 있어 정부의 관심과 정책적 노력이 요구되고 있다.

분석 대상 가구 중 도시지역 가구가 농촌 지역 가구보다 3.32배 많은데 비해 식량안보 취약 가구의 비율은 농촌 가구보다 도시 가구가 24.90% 많은 것으로 나타났다. 이는 도시지역의 먹거리 안보가 더 취약함을 보여준다.

가구 구성원이 모두 65세 이상으로 구성된 노인가구의 식량안보 수준은 전체 가구에 비해 열악한 상태를 보이고 있다. 독거노인 가구의 경우 노인가구를 대상으로 정부가 지원하는 정책(식사배달서비스 경험 여부, 노인 돌봄 종합서비스사업 경험 여부)들이 유의하지 않은 것으로 나타나 정부 지원이 좀 더 세밀하게 디자인 되어야 함을 시사한다.

한국은 1988년 최초로 가정형편이 어려운 학생들에게 중식지원사업을 시행했으며 현재 「학교급식법」 등에 근거해 저소득층 학생을 대상으로 급식지원사업을 실시해오고 있다[20]. 이들 가구의 식량안보 수준이 대체로 전체 취약 가구보다 높게 나타나 이 정책의 효과를 보여주고 있다.

급식비 지원 대상 가구 중 급식비를 받지 않다가 받는 경우와

20) 급식비 지원 대상 가구는 초중고에 재학 중인 저소득층(중위 균등화 소득의 60% 미만 가구) 자녀를 포함한 가구를 의미한다.

급식비를 받다가 받지 않은 가구가 포함되어 있다. 이를 구분해 분석한 결과, 급식비 지원받다가 못 받은 가구의 KHFSI가 72.86에서 65.36으로 하락한 반면, 급식비 지원을 받지 못하다가 받은 가구는 77.78에서 82.08으로 상승하였다. 급식비 지원 정책이 가구 식량안보에 중요한 제도임을 입증하고 있다.

애그플레이션 시대의 식량안보

PART Ⅳ

식량안보 정책과제

1 농업 가치의 헌법 명문화

급격하게 진행되는 기후변화에 따라 미래 식량 수급이 불투명해진 것은 자명한 사실이며, 코로나의 확산과 우크라이나 전쟁 상황은 지구적인 식량안보의 취약성을 분명하게 드러냈다. 식량안보의 중요성은 이미 수많은 전문가와 연구를 통해 강조해왔고, 식량안보가 중요하다는 사실은 누구나 알고 있지만, 경제와 관련된 다양한 이슈에 묻혀 정책 우선순위에서 뒤처져 있다.

농업의 주목적은 먹거리를 생산하는 것이지만, 그 과정에서 여러 가지 긍정적 또는 부정적 부산물이 생성된다. 경제학에서는 이를 결합생산물이라고 하며, 시장에서 보상받지 못하는 긍정적 부산물을 외부경제 효과, 부정적 부산물을 외부불경제 효과라 한다. 식량안보는 농업의 결합생산물로 나타나는 가장 중요한 긍정적 외부효과다.

대부분 선진국은 잘사는 농촌을 가지고 있다. 이는 선진국들이 농업과 농촌의 본원적 가치를 이해하고, 농업이 생산하는 다양한 가치를 유지하기 위해 많은 제도적 장치와 정책적 지원을 하기 때문이다. 선진국이 농업을 보호하는 중요한 이유는 농업이 생산하는, 그러나 시장에서 보상받지 못하는 결합생산물이자 긍정적 외부효과, 즉, 식량안보를 포함해 식품 안전성 제고, 도농 간 균형발전, 휴식 공간 제공, 수자원 유지 등 다원적 기능을 지속적으로 공급받기를 원하기 때문이다. 농업과 농촌은 경기

침체기에 고용을 제공하고 사회 구성원 간 갈등을 흡수하는 국가 경제의 완충지대 역할도 한다. 이렇게 농업은 국가 존립의 기반이다.

농업의 다원적 기능은 농업과 별도로 생산할 수 없는 결합생산물이며, 우리 사회에 꼭 필요한 공공재적 성격을 지닌다. 이를 농업의 공익적 가치라 부른다. 이러한 가치는 시장에서 보상받지 못하기 때문에 농업이 생산하는 다원적 기능에 대한 정당한 보상과 이를 위한 제도적 접근이 필요하다. 이것이 농업의 가치와 역할, 그리고 이를 보장할 것을 헌법에 담아야 하는 이유다.

단순히 먹거리를 생산하는 것보다 양질의 충분한 식량을 확보하는 것은 국가 존립에 기반이 되며 인간의 존엄성을 지키며 살 수 있는 전제조건이기도 하다. 풍부한 자원과 발전된 농업기술로 오히려 넘치는 식량을 처리하는데 고심하는 국가가 존재하는 한편, 북한이나 아이티와 같이 식량부족으로 인해 인간의 존엄성이나 최소한의 인권 보장을 기대하기 어려운 상황에 빠진 국가도 적지 않다.

2006년 애그플레이션 발생 이후 식량 가격의 폭등은 기아와 식량 폭동으로 이어져 국가 존립의 뿌리를 흔들면서 식량안보의 중요성을 절감하게 했다. 또한, 식량 수입국들은 수출국들이 주장하는 '자유무역을 통한 식량안보 강화'라는 주장이 허구라는 것을 깨닫는 계기가 되었다. 즉, 농업의 결합생산물로서 생산되는 식량안보는 막연한 개념이 아니라 국가 존립의 근거이며,

농업이 가지는 가치의 핵심이다. 이를 보장하기 위해 농업의 가치를 헌법에 명시해야 한다.

한국에서 농업의 법제화는 1967년 1월 제정된 「농업 기본법」으로부터 시작되었다. 이 법은 농업이 국민경제의 기반임을 고려해 그 자연적·경제적·사회적 제약을 바로잡아 농업경영을 근대화하고 농업 생산력을 발전시켜 식량 및 기타 농산물의 증산을 기하고, 농산물의 생산, 가격, 유통구조의 개선, 농가소득의 증진, 타 산업종사자와의 소득 균형을 실현하여 농촌의 생활 및 문화 수준을 향상하는 목적으로 제정되었다. 이후 「농촌근대화촉진법」, 「농업기계화 촉진법」, 「농수산물유통 및 가격안정에 관한 법률」, 「농업협동조합법」, 「농어민후계자육성기금법」 등 농업 발전을 촉진하는 법률이 제정되었다.

1999년에는 「농업 기본법」, 「농산물가격유지법」, 「농수산물수출진흥법」을 폐지하고 「농어촌발전특별조치법」을 흡수해 「농업·농촌 기본법」을 제정하여 농업·농촌정책의 기본 방향을 설정하고, 모든 농업 및 농촌 관계법의 기본이 되도록 정비하였다.

2007년에 농업의 다원적 기능에 대한 인식과 명문화의 필요성에 공감하여 「농업·농촌 기본법」을 개정해 「농업·농촌 및 식품산업기본법」으로 확대, 개편하였으며, 같은 해 12월 「도시와 농어촌 간의 교류 촉진에 관한 법」을 제정하는 등 시대의 변화에 따라 농업법도 발전하였다.

그러나 「농업·농촌 기본법」 이하 농업 관련 법령은 농업정책에 대한 정부의 기본 방향을 제시한 법률이다. 정책 기조나 방향이 정권의 이념적 성향이나 최고 권력자의 생각에 따라 수시로 바뀌어 지속성이나 효율성 측면에서 비판받아 왔다. 이런 측면에서 농업의 가치와 역할에 대해 헌법적 차원의 선언과 보장이 필요하다.

헌법은 국가 운영의 기본으로 국민의 기본적 인권을 보장하고 국가의 정치 조직과 작용원칙 천명을 통해 시민과 국가의 관계를 규정하거나 형성하는 최고의 규범이다. 따라서 농업 가치와 역할을 헌법에 담는 것은 정권의 철학이나 이념적 지향과 관계없이 농업의 지속적 발전을 흔들림 없이 추진할 수 있음을 의미한다.

2018년 농업 가치를 헌법에 명시하자는 국민의 목소리가 모이기 시작했으며, 무려 1,100만 명이라는 거대한 목소리가 정부에 전달되었다. 문재인 정부는 국민의 목소리를 수렴해 식량안보를 포함한 농업의 공익적 기능을 명문화하고, 농업의 지속 가능한 발전을 국가적 책무로 규정하는 등의 헌법 개정안을 상정하였다.

농업 관련 개정안의 핵심 내용은 현행 헌법 123조에 농업과 함께 명시되어 있는 지역경제, 중소기업 관련 내용과 별도로 제129조를 신설해 농업만을 위한 조항을 명시하여 농업의 공익적 기능과 지속 가능한 발전을 명문화하는 것이다. 이와 함께 경자유전의 원칙을 유지하는 것도 중요한 내용이었다.[21] 그러나 권력 지배구조 개편과 관련한 다른 사안들의 논란으로 인해 헌법 개정은

21) 경자유전 원칙이란 농지는 농사를 짓는 사람만 소유할 수 있다는 원칙으로 농지의 소유자와 경작자를 일치시켜 농지의 생산성을 극대화하자는 이상을 실현하기 위한 것이다.

이루어지지 못했다.

헌법 개정은 매우 복잡하고 어려운 과정이다. 그러나 식량안보를 강화하기 위한 가장 효과적인 최우선 과제이다. 향후 헌법 개정 작업이 논의될 경우를 대비하여 농업의 헌법 가치화 노력이 간단없이 준비되어야 할 것이다.

2 식량자급률 법제화

농업이 가지는 다양한 가치 중 식량안보는 식량자급률과 밀접하게 관련되어 있다. 김태화 외(2019)는 국내 생산 확대를 통한 식량자급률의 확보는 식량안보를 강화한다는 분석 결과를 보인 바 있으며, 식량안보에 관한 다양한 연구의 기초에는 식량자급률이 바탕이 되어 있다.

국내에서 사용되는 자급률은 크게 3가지로 구분할 수 있다. 우선, 식량자급률은 식량안보를 언급할 때 가장 많이 사용되는 용어로 한 나라의 식량 소비량 중 국내 생산으로 어느 정도 공급되는지를 나타내는 지표이며, 곡물뿐 아니라 육류 및 유제품 등도 포함된다. 두 번째는 곡물 자급률이다. 곡물 자급률은 곡물의 국내 소비량 중 국내 생산량이 차지하는 비율을 의미하며, 쌀, 보리쌀, 콩 등 식용작물뿐만 아니라 사료용 곡물도 포함된다. 즉, 식량자급률은 곡물 자급률을 포함한 총 식량 공급에 대한 개념으로 이해할 수 있다. 또 다른 개념으로는 열량(칼로리) 자급률이 있다. 열량 자급률이란 곡물, 채소, 육류 등 음식물의 하루 섭취량을 칼로리로 환산했을 때 국산 농산물이 차지하는 비율을 의미한다.

농식품부(2022)에 따르면 2021년 식량자급률은 44.4%, 곡물자급률은 20.9%로 집계되었다. 이는 1980년과 비교할 때 식량자급률은 25.2%p, 곡물자급률은 35%p 하락한 처참한 수준이다. 곡물자급률은 산정방식을 당해년도부터 기존의 건량 기준에서 생체 기준으로 변경해 간신히 20% 수준을 넘겼지만, 기존의 방식으로 한다면 18.5%로 곤두박질 친다. 그나마 쌀 자급률이 높아 전체 평균이 높게 보이는 것이다. 주식인 쌀과 서류는 100% 자급할 수 있지만, 콩(22.0%), 옥수수(3.3%), 밀(1.7%) 등의 주요 곡물은 30%를 밑도는 수준이며, 특히 밀의 자급률 수준은 1.7%에 불과하여 사실상 전적으로 수입에 의존하고 있다.

2022년 초 러시아의 우크라이나 침공으로 전쟁이 발발하고 밀, 옥수수 등 수출이 타격을 입자 곡물 가격이 일제히 크게 상승하며 세계적 식량 위기 상황이 재현되었다. 이러한 국제적인 정세는 한국도 피할 수 없었다. 한국에서 사용되는 식용 밀은 주로 미국·호주·캐나다로부터 수입하고 있으며, 우크라이나로부터 수입되는 밀은 주로 사료용으로 사용되지만, 축산물이 식량에서 차지하는 비중이 커짐에 따라 식량안보에 적지 않은 충격을 주었다.

각국의 식량 정책과 국제 정세는 언제든 한국의 식량안보를 위협할 수 있다. 그럼에도 우리의 식량안보는 농산물 시장개방과 농업에 대한 낮은 우선순위로 계속 악화하고 있다. 2022년 한국의 곡물자급률은 20% 이하로 하락해 경제협력개발기구(OECD) 38개 회원국 중 가장 낮은 수준이다. 곡물 자급률이 가장 높은 국가는 호주 229%, 캐나다 192%, 프랑스 181%, 미국 120% 순으로 선진국은 농업수출국이기도 하다. 20년 전에는 26.6%로 30%의 한국보다 낮았던 일본은 자급률 법제화를 통해 자급률을 유지하는 반면, 우리는 일본보다 낮은 수준으로 하락해 잠재적 식량 위기 국가로 전락하였다.

다양한 연구에서 밝혀진 바와 같이 결국 식량자급률 확보가 식량안보를 강화할 수 있으며, 이를 위해 식량자급률의 법제화가 필수적이라고 할 수 있다. 한국은 「농업·농촌 및 식품산업 기본법(이하 농식품 기본법)」에서 식량자급률 목표와 추진계획을 명시하고 있다. 「농식품 기본법」 제7조에 의하면 국가와 지방자치단체는 안전한 농산물과 품질 좋은 식품의 안정적 공급을 위하여 농산물 생산 단계에서의 안전성 확보, 농업과 식품산업의 발전, 적정한 식량 및 주요 식품의 자급 목표 달성·유지 등에 필요한 정책을 세우고 시행해야 한다고 명시하고 있다. 또한, 동 법 제14조에는 식량 및 주요 식품의 적정한 자급 목표 및 추진계획을 5년마다 수립해 〈농업·농촌 및 식품산업 발전계획〉에 포함하도록 명시하고 있다. 그러나 이는 선언적 목표에 지나지 않는다. 이를 달성하기 위한 실천적 노력이 충분하지 않으며, 이를 달성하지 못하더라도 아무런 법적 책임을 묻을 수 없다.

현재 「농식품 기본법」에 명시되어 있는 자급률 목표도 여러 가지 논란이 있다. 우선 2022년까지의 목표자급률이 현실적으로 달성하기 어렵다는 점이다. 현재 적용되고 있는 〈농업·농촌 및 식품산업 발전계획〉은 2018년에 설정한 목표로서 2021년 현 시점에서 평가해보면 목표 달성은 어려울 것으로 보인다. 예를 들어 2019년 발전계획 당시 목표는 밀 자급률을 1.7%에서 9.9%로 올리는 것이었으나, 2022년 현재 밀 자급률은 더 하락한 0.8% 수준이다. 2011년 당시 농식품부는 2015년까지 식량자급률 57%, 곡물 자급률 30%를 목표로 자급률을 높이기 위한 다양한 방안을 마련했으나 오히려 자급률이 하락하였다.

또 다른 한계점은 「농식품 기본법」에 명시된 '적정' 수준의 기준이 명확하지 않다는 것이다. 목표자급률의 달성 가능성이 낮은 이유는 적정한 수준에 대한 기준이 명시되지 않아, 자급률 설정에 대한 합리적인 근거를 마련하기 어렵기 때문이다. 구체적 기준을 마련하기 위해 일각에서는 식량자급률 목표를 설정할 때 적정 농지 면적을 명시하자는 주장을 하고 있다.

식량자급률에 대한 여러 가지 지적에도 불구하고 한국의 식량안보를 개선하기 위해서는 법제화를 통해 목표치를 부여하고, 이에 상응하는 계획을 수립하며, 이에 대한 농정 당국의 책임을 분명하게 적시해야 한다.

3 해외 농업생산 기반 조성

식량안보 수준을 높이기 위해서 국내 곡물 자급률 향상을 위한 다방면의 노력이 필요하다. 하지만 국내 대책만으로 안정적 식량 기반 확보와 위험에 대처하기 어렵기에 해외로부터의 곡물 확보를 위한 노력도 요구된다.

한국은 1960년대부터 해외 농업개발을 추진해 왔다. 1960년대와 1970년대 초기 해외 농업개발은 주로 인구의 분산을 목적으로 하는 농업 이민 형태로 시작되었다. 하지만 사전 준비 부족, 현지 적응의 어려움 등 이유로 대부분 실패하였다. 1980년대는 민간기업을 중심으로 개발이 시작되었으나, 뚜렷한 성과를 보이지 못했다.

1995년 WTO 체제 출범, 국제 곡물 가격 불안정 등으로 식량안보가 우려되자 해외 농업개발은 민간부문 진출 시 공공부문이 필요한 정보와 자금을 지원하는 형태로 추진되었다. 특히 해외 농업개발의 중요성을 크게 인식하게 된 계기는 2006년 이후 발생한 애그플레이션을 꼽을 수 있다.

2009년 정부는 식량안보 강화 차원에서 〈제1차 해외 농업개발 10개년 기본계획〉을 통해 해외 진출자금 융자, 투자환경조사 지원, 민·관 협력체계 마련 등을 마련하였다. 2012년 〈제2차 해외 농업개발 종합계획〉은 진출지역 다변화, 국내 반입 활성화, 정보제공 등 지원 강화를 도모하였다. 또한, 2012년 「해외농업개발협력법」을 제정해 제도적 지원 근거를 마련하고, 2017년「해외농업·산림자원개발협력법」으로 적용 범위를 확대하였다. 법의 목적은 수입의존도가 높은 곡물 및 사료 작물의 안정적 확보로 식품과 축산업의 경영안정을 도모하는 것이다. 주요 내용은 예산지원 및 조세특례, 개발자원의 국내 반입 명령 등을 담고 있다. 동 법 제5조에 따라 5년마다 해외농업자원개발에 관한 종합계획을 수립하는 방식으로 추진되고 있다. 2018년 〈제3차 해외농업자원개발 종합계획〉은 민간의 해외농업진출 역량 강화, 거점지역 육성, 정책추진 효율성 개선을 주요 전략으로 내세웠다.

그동안의 성과로 해외 농업개발을 위한 진출기업의 수와 투자규모가 계속 증가했다. 하지만 해외 농업개발을 추진하는 일본 등 여타 국가들과 비교할 때 여전히 낮은 수준에 머물고 있다. 해외 농업개발을 위한 진출기업들이 많지 않은데다 연해주 등 특정지역에 편중되어 있다. 또한, 해외 농업개발로 확보된 곡물의 국내 반입실적이 저조하고, 사업을 위한 정보와 전문가 부족 등 다양한 문제점이 지적되고 있다.

해외 농업개발 기업 수는 2019년 기준 66개로 신고기업의 35% 수준에 머물고 있다. 이들 기업은 10만 1천ha의 농경지에서 곡물 78만 1천 톤을 생산하였고, 이 중 4만 4천 톤 정도가 국내에 반입되었다. 특히 중국 및 동남아는 현지 위험관리에 대한 충분한 전략 없이 진출해 중도 포기하는 사례가 많은 것으로 알려졌다.

| 표 19 | 해외 농업개발 기업 진출 현황

<table>
<tr><th rowspan="2">국가</th><th rowspan="2">신고
기업 수</th><th colspan="4">2019년 말 현황</th></tr>
<tr><th>활동
기업 수</th><th>개발면적
(ha)</th><th>생산, 유통량
(톤)</th><th>반입량
(톤)</th></tr>
<tr><td>20여 개 국가</td><td>187</td><td>66</td><td>100,577</td><td>781,029</td><td>44,162</td></tr>
<tr><td>러시아</td><td>16</td><td>10</td><td>22,909</td><td>52,524</td><td>25,746</td></tr>
<tr><td>캄보디아</td><td>33</td><td>11</td><td>4,751</td><td>52,968</td><td>18,080</td></tr>
<tr><td>인도네시아</td><td>20</td><td>4</td><td>48,990</td><td>587,686</td><td>0</td></tr>
<tr><td>중국</td><td>29</td><td>10</td><td>93</td><td>472</td><td>0</td></tr>
<tr><td>몽골</td><td>11</td><td>3</td><td>200</td><td>110</td><td>0</td></tr>
<tr><td>베트남</td><td>12</td><td>7</td><td>30</td><td>336</td><td>336</td></tr>
<tr><td>브라질</td><td>4</td><td>4</td><td>519</td><td>227</td><td>0</td></tr>
<tr><td>기타국가</td><td>67</td><td>20</td><td>23,085</td><td>86,706</td><td></td></tr>
</table>

주: 기타국가는 미얀마, 카자흐스탄, 키르기즈스탄, 칠레, 호주, 마다가스카, 우간다, 콩고 등
자료: 농림축산식품부(2012, 2018), 한국농어촌공사(2022)

2019년 기준 전체 농산물 생산 및 확보물량 78만 톤 중 곡물은 17.4%에 불과하며, 이 중 콩 3.2%, 옥수수 14.2%이다. 나머지 82.6%에 해당하는 64만여 톤은 팜유 등 식량으로서의 우선순위가 떨어지는 농산물로 이루어졌다.

| 표 20 | 해외농업 진출기업 생산/유통량

구분	계(톤)	밀	콩	옥수수	카사바	오일팜	기타
2017년	492,529	5,088	32,393	97,161	91,770	197,872	68,245
2018년	621,592	1,402	23,798	99,842	23,109	343,448	129,993
2019년	781,029	0	25,233	110,866	21,224	495,837	127,869
합계	1,895,150	6,490	81,424	307,869	136,103	1,037,157	326,107

자료: 농림축산식품부(2012, 2018), 한국농어촌공사(2022)

안정적인 식량 기반 확보를 위한 해외 농업개발은 아직 많은 과제를 안고 있다. 무엇보다 정부의 장기적이고 일관적인 정책과 지원이 중요하다. 그동안 정부는 2009년, 2012년, 2018년 종합계획을 수립해 실행해왔다. 그러나 정책 대상과 진출지역 등에 대한 단기 및 중단기별 정책목표를 명확하고 일관되게 달성할 수 있도록 추진해야 할 필요가 있다. 해외 농업개발과 관련된 전후방 연관산업 간 연계를 강화하고, 융자 등 지원 사업도 사업 목표에 맞도록 세밀하게 디자인 할 필요가 있다.

또한, 비상 상황에서 〈해외농업·산림자원 개발협력법〉에 근거한 반입 명령 이행에 대한 실효성이 낮다는 지적이 많다. 해외 농업개발 진출국에서 수출을 제한하거나 진출기업의 명령 불이행 경우를 대비한 법적 의무와 지원대책 및 반입 절차 등 관련 체계가 정비되어야 한다.

이와 함께 해외 농업개발에 대한 정확하고 구체적인 정보가 중요하다. 현재 해외농업개발협회 등에서 제공하는 관련 정보는 체계적이고 종합적이지 못해 사업수행에 실질적인 도움을 주지 못하고 있다. 과거보다 빠르게 변화하는 시장 및 관련 정보를 수집, 분석, 공유할 수 있는 시스템이 요구된다. 해외 농업자원, 진출기업의 운영실태, 각종 동향 등에 대한 지속적인 모니터링 및 종합적인 정보관리가 필요하다. 특히 해외 농업개발과 별개로 추진되고 있는 공적개발원조사업Official Development Assistance과 연계해 해외 농업개발의 효과를 제고시킬 필요가 있다.

4 해외 조달 능력 제고

식량 위기에 대처하기 위해 평상시 국내 곡물의 생산 기반을 확대하는 것이 중요하다. 이와 함께 위험관리 차원에서 비상시 안정적 식량 확보를 위한 해외 조달 능력을 높이는 것도 필요하다. 과거 곡물 파동에서 보듯 비상 상황에서 충분한 식량을 확보할 수 있다는 보장이 없다. 국제 곡물 파동 시기에 주요 수출국들은 자국의 시장보호 명분으로 수출을 제한 또는 금지해왔다. 2022년 전쟁 당사자인 러시아와 우크라이나 외에도 농산물 수출국이나 대규모 소비국 정부의 곡물 반출 제한 조치는 다양한 방식으로 반복되었다. 특히 전쟁이나 천재지변의 경우 물류 시스템이 작동하지 않아 식량의 반입 자체가 불가능할 수도 있다.

국제 곡물 시장의 불확실성이 확대됨에 따라 국내 곡물무역회사를 육성해 수입시장의 80% 이상을 장악하고 있는 곡물 메이저에 대응하면서 가격변동 등 다양한 리스크에 대비해야 한다. 경쟁력을 가진 메이저급 곡물회사 육성을 위해서는 체계적인 계획과 실행전략이 요구된다. 기존 곡물 메이저에 대해 비교우위를 점할 수 있는 지역을 선정, 사업을 추진하는 전략이 필요하다.

민간 기업인 포스코인터내셔널POSCO INTERNATIONAL은 2019년 주요 곡물 수출국인 우크라이나 미콜라이프항Mykolaiv Sea Port에 연간 250만 톤의 곡물 처리능력을 가진 곡물 수출터미널 지분을 인수해 운영권을 확보하였다. 또한, 팬오션Pan Ocean은 2020년 이토추인터내셔널ITOCHU International Inc.이 보유한 미국 롱뷰항Port of Longview의 곡물 터미널 지분 36.25%를 인수하였다. 외국의 곡물 수출터미널 확보는 해외 곡물 조달의 교두보를 확보했다는 점에서 중요한 의미가 있다.

해외 조달 능력을 제고시키기 위해서는 국가 차원의 곡물 조달 시스템도 요구된다. 이는 현지 생산된 곡물을 확보해 국내로 조달할 능력을 제고하는 것이다. 해외에 곡물 생산 기반이 있다 하더라도 긴급한 국내 반입이나 수입에는 어려움이 있을 수 있다. 생산 이후 저장과 수송 등 관련 시스템이 없다면 원하는 시기에 필요한 물량을 조달하기 어렵다. 국가 곡물 조달시스템은 외국 곡물 메이저 등에 전적으로 의존하던 곡물 수입 방식과 달리 국내 민간기업과 공공기관이 합동으로 곡물 유통망에 진출해 곡물 수입의 일정 부분을 자체적으로 담당하는 체계이다.

한국 정부는 2006년 국제 곡물 가격 급등 이후 곡물 메이저에 대한 수입의존도를 줄이면서 안정적인 수입 곡물 확보방안으로 국가 곡물 조달시스템 구축을 추진하였다. 이에 따라 2011년 aT(한국농수산식품유통공사)와 3개의 민간기업(삼성물산, 한진, STX)의 컨소시엄으로 aT 그레인 컴퍼니aT Grain Company를 설립하였다. 그러나 미국 등에서 곡물 엘리베이터 확보에 실패하면서 유의미한 성과를 만들지 못하고 청산되었다. 민관협력을 통해 국제 곡물 유통 분야에의 진출을 시도한 aT 사례는 국제시장에서의 정보와 경험 부족, 신속한 의사결정의 어려움, 진입장벽의 존재, 안정적 판로의 미확보, 부족한 자본 규모 등이 주된

실패 요인이다. 또한, 각종 계약 관련 협상력 부재, 장기적 관점의 투자 여건 부족, 참여기업의 유동성 위기, 단기적 성과 중시 등 다양한 요인들도 문제점으로 지적되고 있다.

한편 일본과 중국은 곡물 유통 분야에서 일정 부분 성과를 내고 있다. 일본의 경우 민간기업이 곡물 유통기업을 인수해 국제 유통 시장에 진출하고 있다. 일본의 마루베니는 2011년 브라질 곡물 엘리베이터 회사, 2013년 미국 곡물회사를 인수했고, 우리의 농협중앙회에 해당하는 일본 전농Japan Agricultural Cooperatives은 2014년 미국 곡물 엘리베이터를 인수하였다. 해외 유통시설을 확보하기 위해 장기간에 걸친 대규모 자금투자를 통해 해외로부터 국내로 이어지는 조달체계를 구축하고 있다.

중국은 공공부문이 주도하고 민간기업이 뒷받침하는 방식의 특징을 가지고 있다. 브라질 등 남미 지역과 우크라이나, 호주, 앙골라 등 해외 농장 투자에 이어 해외 곡물 유통 및 가공회사 인수합병에 노력하고 있다. 중량그룹COFCO Group은 2014년 네덜란드 곡물회사의 지분을 인수했고, 국영기업인 켐차이나ChemChina는 스위스 농약·종자회사를 인수한 바 있다.

2019년 한국농촌경제연구원이 수행한 전문가 조사에 의하면 응답자의 75%가 식량 위기 발생 시 현재와 같은 시스템으로는 대응이 어렵다고 응답했다. 국가 곡물 조달시스템 구축을 재추진한다면 '정부 정책지원 기반으로 민간자본 중심 구축(59%)'을 주요 대안으로 제시하였다. 이 경우 정부 정책지원 중 가장 중요한 방안은 '안정적 국내 판로 확보(42.1%)', '정보제공 및 전문 인력 양성 등의 지원(31.6%)', '자금융자(26.3%)' 순으로 응답하였다.

해외 조달 능력 제고를 위해서는 선물시장을 이용한 가격위험 관리도 필요하다. 일본이나 중국은 농산물이나 원자재를 전용으로 거래하는 선물거래소를 운영하고 있다. 일본은 오래전부터 미국산 옥수수를 동경곡물거래소에 상장해 선물거래하고 있다. 주 수입국인 미국 선물시장이 아니라 자국 선물거래소에서 옥수수가격은 물론, 환율과 운송비의 변동도 한꺼번에 헤징할 수 있기 때문이다. 한국도 곡물 가격 위험을 관리하기 위해 수입국(특히 미국)에서의 헤징은 물론이고, 국내에 상품선물거래소를 설립해 직접 거래할 수 있는 제도적 장치가 필요하다. 이를 위해서는 선물거래소의 중요성에 대한 정부의 이해와 이를 추진하기 위한 적극적인 노력이 필요하다.

5 국가 푸드플랜 개선

2021년 한국의 먹거리 생산·소비 등과 관련한 다양한 이슈를 해결하고, 유엔의 지속가능발전목표 달성을 위한 〈국가식량계획〉이 발표되었다. 문재인 정부가 제시한 100대 국정과제 중 하나인 국가 및 지역 단위 푸드플랜 수립 중 국가 단위 푸드플랜이 구체화 된 것이다.

여러 연구에서 제시한 푸드플랜의 정의를 종합하면, '먹거리 기본권과 정의를 실현하기 위해 건강하고, 안전한 먹거리를 안정적이고 친환경적으로 공급 및 소비하는 데 필요한 먹거리의 생산 및 가공, 유통, 소비, 폐기에 관한 공공정책'으로 정의할 수 있다.

푸드플랜 수립 주체는 국민 또는 공공을 대신하는 국가 및 지자체이고, 그 대상은 먹거리의 생산 및 가공, 유통, 소비, 폐기 등 먹거리 또는 식품공급체계food supply system 전반을 포함한다. 공공정책으로서 푸드플랜의 실효성을 높이기 위해서는 농가 및 생산자단체, 시민사회단체, 소비자, 식품기업 등 다양한 이해당사자가 푸드플랜의 수립과 실행에 참여할 필요가 있다.

푸드플랜의 핵심 목적은 먹거리 기본권과 먹거리 정의의 실현이다. 먹거리 기본권Right to food은 세계인권선언(1948)과 국제인권규약(1966)에 포함된 국제법적 선언으로, '남녀노소 모든 사람이 단독으로, 또는 자신이 속한 공동체의 구성원들과 함께, 적절한 먹거리 및 그것의 확보 수단에 대한 물리적, 경제적 접근성을 언제든지 가질 수 있는 권리'를 의미한다. 이를 위해서는 먹거리의 가용성availability, 접근성accessibility, 지속가능성sustainability을 핵심 내용으로 규정하며, 이를 존중, 보호, 충족해야 하는 국가의 책무도 명시하고 있다.

먹거리 정의food justice는 넓은 의미로는 먹거리 보장food security 전반을 의미하고, 좁은 의미로는 농촌의 중·소농이 주로 생산하는 유기농산물 등 '좋은 먹거리'의 구매대금을 정부, 지자체, 기업, 개인 등이 대신 지급해 도시의 저소득 취약 계층에게 기부하는 방식의 '좋은 먹거리 기부프로그램'을 포함한다(정기석, 2014). 먹거리 정의는 사회경제적 평등이 먹거리의 생산, 분배, 소비로 확장되고, 먹거리 보장의 이념적 기반이 된다는 점에서 중요하다(김소연, 2020). 먹거리 정의의 관점에서 국가 푸드플랜은 먹거리 문제를 개인의 문제가 아닌 사회구조적 문제로 보고, 먹거리의 양과 질, 안전 등에 존재하는 양극화와 불평등을 해소해 나가야 한다.

국가 푸드플랜의 핵심 목적인 먹거리 기본권과 정의의 개념과 범위는 정치, 사회, 경제적 상황에 따라 달라질 수 있다. 그러므로 푸드플랜은 일회성에 그치는 계획이 아니라 먹거리 공급과 소비 전반에 관한 사회적 담론으로 다양한 이해당사자가 참여해 논의되어야 한다.

황영모 외(2015)는 푸드플랜의 지향과 가치를 제시하면서 건강한 먹거리의 사회적 공급과 이용, 지역생산 및 지역 소비의 로컬푸드 지향 등 '지역'과 '로컬푸드'를 강조한 바 있다. 효과적인 푸드플랜 실행을 위해서는 식량 생산, 유통 및 소비에 관한 정보, 특히 지역별 정보가 중요하다. 그러나 통계청에서는 국가 단위 표본을 기반으로 생산 및 가계소비지출 정보만을 수집하고, 유통정보는 공영도매시장의 거래실적과 농산물의 도매 및 소매 단계의 가격 정보만 수집되고 있으며, 지역별 통계정보는 제공되지 않고 있다. 현재 통계청 산하 2개 과(농어업통계과, 농어업동향과)와 농촌진흥청 산하 1개 과(농산업경영과)에서 농업 통계를 조사하고 있으나, 국가 및 지역 푸드플랜 수립의 기초자료 수집에는 턱없이 부족하다. 중앙정부와 지방정부 차원의 통계 예산 확보와 실질적 조사를 위한 협력이 중요하다.

6 식량안보 조기 경보시스템 구축

식량조기경보시스템Early Warning System이란 특정한 지역이나 국가를 대상으로 현재의 긴급한 식량부족 상황에 대한 정보를 제공하거나 미래의 잠재적인 식량 위기 발생 가능성을 예측해 식량안보에 대한 위협을 제거하거나 예방하는 일련의 체계이다.

UN의 식량 조기 경보시스템을 통한 목표는 식량안보에 대한 위협으로 발생하는 인명, 재산 및 환경상 피해 등을 최소화하는 것이다. 이를 위해 개인과 지역 공동체에 식량안보 위협을 극복하거나 예방할 수 있는 충분한 시간을 제공할 수 있고, 적절한 방법으로 대처할 수 있도록 식량 조기 경보시스템을 강화하는 것이 필요하다.

최적의 식량 조기 경보시스템은 식량안보를 위협하는 다양한 원인에 대해 파악할 수 있어야 하고, 유의미한 모델을 통해 현 식량안보 상황을 평가하고 결과를 예측할 수 있어야 한다. 또한, 이를 바탕으로 개인이나 책임 있는 기관에 조기경보를 전달하거나 식량안보 상황을 설명하여 적절한 대응 방안을 마련할 수 있어야 한다.

UN은 식량안보에 대한 위협 원인 파악부터 대응 방안 마련까지 일련의 과정을 수행하는 최적의 식량 조기 경보시스템은 네 가지 구성요소를 갖추어야 한다고 제시한다. 첫째, 위험 지식을 통해 식량안보 위기를 유발하는 다양한 원인에 대해 체계적으로 분석하고 개념화시킬 수 있어야 한다. 식량안보를 위협하는 원인으로는 주로 기후변화, 자연재해, 전 지구적인 유행병, 국내외 정치적 불안정 등이 있다. 둘째, 모니터 시스템을 통해 다양한 유형으로 산재한 위험 요소들과 그와 관련된 세부 사항에 대해 정보를 수집하고 가공할 수 있어야 한다. 셋째, 확산 및 소통을 통해서 식량안보 위협에 놓인 개인들이나 정책 결정자, 현장 활동가들에게 사전에 경보를 전달하거나 모니터 시스템을 통해 수집 및 가공한 정보를 제공할 수 있어야 한다. 마지막으로, 응답 능력을 통해 개인이나 정책 결정자, 현장 활동가들이 체계적으로 상황에 맞는 적절한 조치를 적용할 수 있어야 한다.

1장에서 식량안보란 모든 사람에게 식량이 충분히 공급되고, 영양적으로 잘 구성된 식량을 구매할 수 있으며, 활동적이고 건강한 삶을 위해 필요한 영양을 식량을 통해 섭취하고 자신의 선호를 충족시킬 수 있으며, 언제 어디서나 안전한 식량에 접근할 수 있는 상태로 정의했다. 이에 따라 식량안보는 가용성availability, 접근성accessibility, 활용성utilization, 안정성stability이라는 네 가지 조건으로 정리할 수 있다.

가용성은 식량에 대한 물리적인 접근성을 나타낸다. 식량의 국내 생산, 수입 능력, 재고량, 식량 원조 등 가용한 식량 조달 능력을 말한다. 접근성은 식량에 대한 경제적인 접근성을 나타낸다. 합리적 가격으로 구매할 수 있는 능력과 분배 상태를 의미한다. 활용성은 식량에 대한 질적 차원의 접근성으로 올바른 영양과 에너지를 섭취하여 자신의 만족을 극대화할 수 있는 능력이다.

마지막으로, 안정성은 언제 어디서나 안정적으로 접근할 수 있고, 안전과 품질, 위생이 보장되는 상태를 말한다.

조기 경보시스템은 이러한 차원에서 식량안보를 예보할 수 있는 시스템이 되어야 한다. 식량 생산량의 현 상황 보고 및 미래 예측에만 집중한다면 식량안보의 가용성 측면만 다루는 것에 불과하다. 따라서 최적의 식량 조기 경보시스템은 식량안보의 가용성, 접근성, 활용성, 안정성 네 가지 차원에서 현재와 미래의 식량안보 상황을 평가하고, 그 원인을 분석해 대응 방안을 제시할 수 있어야 한다.

식량안보지수는 현재의 식량안보 상황이나 미래의 식량 위기 가능성을 나타내는 수치화된 지표이다. 하지만 단순히 현황이나 미래 예측을 나타내는 것이 아니라 조기 경보시스템을 구성하는 지표로서 식량 위기 상황을 조기에 파악하고 신속한 대처방안을 제시해 식량부족으로 인한 재난 상황을 예방하거나 피해를 최소화하는 데 기여할 수 있어야 한다.

Yang and Kim(2014)은 NFSI를 이용해 조기 경보시스템을 개발하였다. 우선 식량안보지수의 평가 기준을 수립하기 위해 식량 위기가 주로 식량 폭동이라는 정치적 불안정으로 이어진다는 점을 고려해 식량안보지수와 식량 폭동 간의 관계를 분석하고, 분석 결과를 이용해 식량안보지수의 평가 기준을 제시하고 3단계의 식량 조기 경보시스템을 구축하였다(표 21).

| 표 21 | 위기 상황별 조기 경보 단계 기준

조기 경보 단계	수준	내용
안전단계 (Green Level)	0.5<NFSI	• 식량안보가 안정적인 상황 • 식량 위기나 폭동 가능성이 낮은 단계
경계단계 (Yellow Level)	0.25<NFSI≤0.5	• 식량 위기가 불안정한 상황, 일시적 위기 상황 발생 • 위기 상황이 장기화 되지 않도록 신속한 조치 필요
위험단계 (Red Level)	NFSI≤0.25	• 심각한 식량 위기 상황이 지속되는 단계 • 단기간에 위기 상황 회복이 어려워 근본적 대책 필요

출처: Yang and Kim(2014)

조기 경보시스템의 첫 번째 단계는 안전단계GREEN이다. NFSI가 0.5보다 커 식량안보가 안정적인 상황이고, 식량 위기나 식량 폭동 가능성이 낮은 단계이다. 두 번째는 경계단계YELLOW 단계이다. NFSI가 0.25보다 크지만 0.5보다 작거나 같은 상황이다. 이 단계는 식량안보가 불안정한 상황으로 일시적 식량 위기 상황이 발생할 수 있다. 따라서 식량 위기 상황이 장기화하지 않도록 신속한 대응조치가 필요한 단계이다. 마지막은 RED 단계이다. 식량안보지수가 0.25보다 작거나 같은 상황이다. 해당 단계는 심각한 식량 위기가 지속되고 있는 상황으로 단기간에 식량 위기 상황이 회복되기 어렵기에 근본적 대책이 요구된다.

각 경보 단계별 대응 방안은 순차적으로 누적되어 시행된다. 즉, 경계단계YELLOW의 대응 방안은 안전단계GREEN의 대응 방안을 포함하고, 위험단계RED의 대응 방안은 안전단계GREEN과 경계단계YELLOW의 대응 방안을 포함하고 있다.

안전단계GREEN는 위기 상황을 대비하는 단계이다. 식량안보가 안정적인 상황으로 식량 위기나 식량 폭동 가능성이 작아 주로 식량안보의 안정성 측면에서 대응 방안을 마련하고 있다.

식량안보의 안정성 차원에서 국내 곡물 수급의 변동성을 최소화하여 모든 국민이 언제 어디서나 안전한 식량에 접근할 수 있도록 한다. 이와 같은 곡물 수급 변동성 최소화는 국내 식량 가격 안정과 식량안보의 접근성 향상에도 도움이 된다. 또한, 건강을 위한 식생활 개선 활동을 통해 식량안보의 활용성을 강화한다. 안정성은 가용성, 접근성, 활용성을 모두 충족시켜야 한다는 점에서 이와 같은 대응 방안은 안정성 제고의 기반이 된다.

곡물 수급의 변동성을 최소화하는 대응 방안 중 하나는 글로벌 곡물 수급 정보체계를 운용해 국내외의 곡물 수급 상황을 모니터하는 것이다. 모니터링을 통해 비상시 식량 수출이 가능한 국가들을 선별하고 식량 수입 경로를 다변화할 수 있도록 대비한다.

또한, 곡물 조달시스템을 통해 3대 수입 곡물인 옥수수, 밀, 콩을 집중적으로 관리하고, 안정적인 거래물량을 확보하기 위해 산지에서 국내까지 곡물을 도입하는 일관적인 체계를 구축한다. 이와 함께 민간과 공동으로 글로벌 곡물 조달 네트워크를 구축하고 민간의 전문성을 활용해 지속가능한 사업체계를 마련한다.

이에 더해 국가 간 곡물 스와프 계약을 체결하여 주요 수입 곡물에 대해 일정한 비축물량을 보유한다. 마지막으로 식량 자급을 제고시키는 소비자 연대 활동으로 국내 로컬푸드와 제철 음식 먹기 운동을 장려한다.

경계단계YELLOW는 식량안보가 불안정하여 일시적으로 식량 위기가 발생할 가능성이 있는 상황이다. 따라서 일시적인 공급 부족을 해결하기 위한 가용성 차원의 대응 방안과 식량 가격의 안정을 위한 접근성 차원의 대응 방안이 요구된다. 먼저 가용성 차원의 문제를 해결하기 위해 국제 곡물 조달시스템을 활용한 해외 식량 조달이 요구된다. 이때 안전단계GREEN 에서 준비한 글로벌 곡물 수급 정보시스템을 이용하여 사전에 선별해둔 식량 수출국을 통해 일시적으로 부족한 곡물을 긴급 조달할 수 있다.

또한, 국가 간 곡물 스와프swap 계약을 이행하여 협약 국가의 곡물을 일시적으로 공급하고, 국내적으로는 비축물량 방출을 시행한다. 다만, 곡물 스와프의 경우 추후 이용한 곡물을 변제해야 하며, 비축물량 방출의 경우에도 비축물량에 한계가 있다는 점에서 경계단계YELLOW 단계와 같은 일시적인 공급 부족 경우에만 사용할 수 있는 방안이다.

식량안보의 가용성 문제는 식량 가격의 상승을 유발하여 접근성의 문제로 확대될 수 있다. 따라서 정책 결정자와 현장 활동가들은 가격 동향을 세심히 살펴야 하며, 정부는 표준가격제를 시행하여 식량 가격 안정화를 추구할 수 있다. 또한, 접근성의 문제로 경제적, 사회적 약자들이 식량을 구매하지 못하거나 영양적으로 충분하지 못한 현상이 나타날 수 있다는 점에서 취약계층을 보호하는 정책이 요구된다.

위험단계RED는 식량안보가 심각한 위협에 놓인 상황으로 단기간에 식량 공급 부족을 해결할 수 없고, 근본적인 해결방안이 요구된다. 가용성 차원에서 물리적 공급량을 정부가 직접 조절하고, 접근성 측면에서 강제적인 가격 통제 정책이 시행된다.

경계단계YELLOW 에서 시행되는 해외 식량 조달 방안들이 기본적으로 시행되지만 일시적인 해결방안에 불과하다는 한계가 있다. 따라서 가용성 차원의 본질적인 문제를 해결하는 방안으로 곡물의 공급 규모 자체를 확대하기 위해 대체 작물 수입을 포함해 농산물 생산 및 소비 전반에 대한 정부의 관리시스템이 가동된다. 농업생산 관련자에게 토지나 에너지원 등 생산 자원이 우선 공급되며, 식량 할당제, 배급제 등이 실시된다. 단기간의 식량 공급 부족 문제가 심각할 경우 강력한 가격 통제도 이루어질 필요가 있다.

식량 위기에 대비한 조기경보시스템은 국가안보의 차원에서 매뉴얼화 되어 상시 운영되어야 한다. 이를 위한 조직과 예산도 국정운영의 필수 요건으로 준비되어야 한다.

7 식품 구매권제 도입

한국농업이 세계무역기구World Trade Organization와 자유무역협정Free Trade Agreement 등 농산물 시장개방으로 인해 쌀과 주요 농산물의 과잉 생산 기조가 고착되어 상시적인 어려움에 봉착한 한편, 사회의 또 다른 곳에서는 굶주림과 영양실조, 사회적 무관심으로 고통받는 결식아동, 소년소녀가장, 독거노인, 극빈 가정들이 있다. 가구식량안보지수Korea Household Food Security Index에서 보는 바와 같이 국가 전체적으로는 필요한 식량 조달이 큰 어려움이 없어 보이지만, 개별 가구별로는 식량안보가 취약한 계층이 존재하고 있다. 이러한 취약한 가구 식량안보 문제는 최근의 경제침체와 세계화에 따른 신자유주의 추세 등으로 더욱 심화하고 있다. 그럼에도 불구하고 세계 10대 경제 대국이며 OECD 선진국인 한국은 이들 소외계층의 식량안보와 먹거리 주권 문제에 대한 효과적인 대안을 갖추지 못하고 있다.

가구 식량안보 문제를 해결하기 위해서는 정부가 앞장서서 체계적이고 효과적인 사회안전망 도입을 서둘러야 할 것이다. 먹는 문제가 해결되지 않으면 인간으로서 최소한의 존엄성도 지킬 수 없다. 생존과 먹거리 주권을 위협받는 소외계층에 대한 체계적이고 장기적인 대안으로서 식품 구매권제Food Stamp Program의 도입이 본격적으로 이루어져야 한다.

식품 구매권제는 미국이 1930년대 세계적인 대공황을 맞으면서 급속하게 증가하는 극빈 가정과 특히, 경제력과 식품에 대한 접근력이 취약한 아동들에게 최소한의 식품과 영양을 공급하는 한편, 1차 세계대전을 거치면서 급격하게 팽창한 농업생산으로 파산 위기에 처한 농민들을 보호하기 위해 도입되었다. 이 제도는 지난 90년간 미국의 사회복지와 농업보호를 동시에 수행한 가장 성공적인 정책으로 평가되고 있다. 이 정책은 소득수준이 연방빈곤선Federal Poverty Level에 이르지 못하는 저소득 계층에게 식품을 제공함으로써 인간적 존엄성을 유지하게 하고 범죄를 예방할 뿐만 아니라, 결식아동들이 중단없는 교육을 받을 수 있게 하여 빈곤을 능동적으로 극복할 수 있는 기회를 제공해 준다. 또한, 충분한 영양 제공으로 공공의료비를 절감하고, 사회 안정을 유지하는 등 다양한 효과를 목적으로 한다.

식품 구매권제는 1939년 대공황의 여파로 적절하고 충분한 식량에의 접근성이 취약한 저소득층의 먹거리 인권을 보장하고 파산 상태에 처한 농업부문을 지원하는 구체적 목적으로 시작되었다. 그러나 정치적 상황과 재정 및 경제 여건 등에 따라 제도의 시행 여부와 지원 규모, 지원대상이 변화하였다. 2008년 미국 농업법Farm Bill에서는 보충적 영양지원 프로그램Supplemental Nutrition Assistance Program(SNAP)으로 개명되어 기존의 종이로 된 구매권stamp or coupon이 정부의 비용 절감과 신속한 사용, 부적정 사용 방지를 위해 직불카드Electronic Benefits Transfer방식으로 전환되었다.

미국의 식품 구매권제는 그 운영이 각종 사회보장제도를 관장하는 보건복지부가 아니라 농무부의 예산으로 집행된다. 예산

규모는 여건에 따라 변동하지만 2016년 660억 달러로 농업 전체 예산의 20%를 차지해 농무부의 가장 중요한 사업임을 말해 준다. 이는 식품 구매권제가 농업 정책적 성격이 더욱 강하다는 것을 의미한다. 미국이 이 정책을 처음 도입할 당시부터 구매 대상에서 가공농산물을 제외하거나 국내산 식료품으로 한정한 사례도 이러한 것을 단적으로 보여준다.

미국 식품 구매권제는 정책 수혜자들의 먹거리 인권을 보장한다는 기본적인 목적 이외에도, 저소득층의 식량 접근성을 높이고 영양 상태를 제고시킴으로써 국가 전체적으로 국민 건강증진과 의료비용 절감, 범죄 예방, 거시경제 및 지역경제 성장 촉진 등 실질적인 경제, 사회적 효과를 얻은 것으로 평가되고 있다. 2011년 미국 농무부 장관 빌색Vilsack에 의하면 SNAP에 투입된 1달러가 1.84달러의 경제적 편익을 창출한 것으로 추정되었다.

한국도 만성적 공급과잉으로 빈사 상태에 있는 농업의 지속 가능한 성장을 위해 국내산 농산물 소비를 적극적으로 확대하면서 사회적 약자 계층의 먹거리 인권과 건강한 사회생활을 지원하기 위해 식품 구매권제를 조속히 도입해야 한다. 이 제도는 최근 계층 간, 산업간, 지역 간 격차가 더욱 심해지는 경제 전체의 균형적 성장과 사회적 안정을 유지할 수 있는 기틀이 될 것이다.

한국형 식품 구매권제의 도입을 위해서는 해당 제도의 궁극적 목적과 이를 효과적이고 효율적으로 실행할 수 있는 설계와 제도 운영에 필요한 예산 규모의 산정과 예산 조달 방안이 모색되어야 한다. 이를 위해서는 수혜자 선정기준과 인당 또는 가구당 지원 규모, 지원 방식 등이 세밀하게 디자인되어야 한다. 또 주어진 목적을 효과적으로 달성하기 위해서는 지원 대상 식품의 범위, 부적정 사용 방지를 위한 모니터링 방법 등이 모색되어야 한다. 이러한 제도 설계는 간단한 작업이 아니며, 전문가들을 중심으로 충분한 논의와 검토과정을 거쳐야 한다.

그러나 무엇보다 이 제도의 필요성에 대한 국민적 합의와 법제화가 중요하다. 실제로 식품 구매권제의 도입에 관해서는 2002년 농어촌농어업특별위원회에서 논의된 적이 있다. 그러나 예산 당국의 반대로 논의가 효과적이고 충분하게 이루어지지 못하고 무산된 바 있다. 예산 당국의 반대 이유는 식품구매권이라는 복잡한 과정 대신 현금 지급 방식이 더 효과적이라는 것이었다. 그러나 이 제도가 지향하는 다원적 목적을 고려할 때 미국에서 오랫동안 시행되고 있고, 그 효과에 대해 긍정적으로 평가받는 식품 구매권제가 적극적으로 고려될 필요가 있다. 선진국인 한국에서 국민의 먹거리 인권 확립과 식량안보를 제고시키기 위해 현재 시범사업 중인 식품 구매권제를 보다 적극적으로 확대해야 한다.

참고문헌

고려대학교 농식품유통무역연구실. (각 년도). 세계 식량안보 월간 동향(World Food Security Situation Monthly Report). http://sryang.korea.ac.kr/index.php?mid=food_security/

관계부처 합동. (2021). 국가식량계획 추진 방안. 주간 농업농촌식품동향, 37. 나주: 한국농촌경제연구원.

김기랑, 신영전, 김미경. (2009). 한국 식품 미보장 현황 및 특성. 보건사회연구, 29(2), 268-292.

김소연. (2020). 먹거리정의에 관한 탐색적 고찰: 이론적 쟁점과 실천적 함의. 농촌사회, 30(2), 229-271.

김용택. (2012). 해외농업개발투자의 비즈니스 모델. 세계 식량 수급의 미래와 한국 농업의 선택, 한국농촌경제연구원 워크숍. 한국농촌경제연구원 대회의실: 한국농촌경제연구원, 서울대학교 북한해외농업연구소.

김원용, 양승룡, (2017). 취약가구의 식량안보 실태 분석. 농업경영·정책연구(한국농식품정책학회), 44(2), 25-61.

김원용. (2017). 가구식량안보지수를 통한 식량접근성 취약가구 실태분석. 박사학위논문, 고려대학교, 서울.

김종덕, 감정기. (2007). 식량권 실현과제와 사회복지. 비판사회정책, 24, 63-100.

김태화, 김원용, 양승룡. (2019). 식량자급률은 식량안보를 강화시키는가?. 농촌경제(한국농촌경제연구원), 42(4), 69-88.

농림축산식품부. (2012). 해외농업개발 종합계획. 보도자료.

농림축산식품부. (2018). 2018~2022 농업·농촌 및 식품산업 발전계획. 농림축산식품부.

농림축산식품부. (2018). 해외농업자원개발 종합계획. 보도자료.

농림축산식품부. (2022.12.22.). 기초 식량작물 자급률 높이고, 해외 공급망 넓혀 외부 충격에도 굳건한 식량안보 체계 구축. 보도자료.

농식품수출정보(KATI). (2018.7.29.) 이라크정부, 물 부족으로 여름 작물재배 금지령, aT 두바이 지사.

대외경제정책연구원 신흥지역정보 종합지식포탈(KIEP EMERICS). (2021.4.8.). 이집트, 농업 생산량 확대를 위한 모스타크발 미스르(Mostaqbal Misr) 프로젝트 추진.

박성진, 김종진, 박지원. (2019). 해외 곡물 도입 정책 진단과 개선 방안. 연구보고(한국농촌경제연구원), R887. 나주: 한국농촌경제연구원.

박환일, 강희찬, 김화년, 임수호, 문외솔. (2011). 글로벌 식량위기시대의 신식량안보 전략. 삼성경제연구소.

성명환, 이규천, 이중웅. (2000). 21세기 식량안보 확보방안. 연구보고(한국농촌경제연구원), R416. 서울: 한국농촌경제연구원.

양승룡, 이원진. (2001). 한국 농산물 수입시장에서 주요 수출국의 시장지배력 분석. 농업경제연구(한국농업경제학회), 42, 99-115.

이귀전. (2025.7.3). 곡물자급률 OECD 최하위권... 대책은 겉돌아. 세계일보, https://www.segye.com/newsView/20150702004860/

이명기, 순병민, 우성휘, (2020). 코로나19 이후 농업·농촌에 대한 도시민의 인식과 수요 변화. KREI 이슈리포트(한국농촌경제연구원), 73. 나주: 한국농촌경제연구원.

이병성. (2021.10.19). 우리나라 세계7위 곡물수입국... 밀 자급률 0.5%, 콩 6.6% 불과. 한국농어민신문, http://www.agrinet.co.kr/news/articleView.html?idxno=304556/

이원진. (2010). 식량안보 평가를 위한 식량안정지수 개발, 활용 방안. NHERI 리포트(농협경제연구소).

이춘수, 양승룡. (2013). 기후변화 대응 식량안보를 위한 지불의사 분석. 농업경영·정책연구(한국농식품정책학회), 40(4), 1037-1061.

장영주. (2020). 식품자급률 현황과 과제. 지표로 보는 이슈(국회입법조사처), 162.

정기석. (2014.3.4). 먹거리 정의 없이 사회 정의 없다. 프레시안, https://www.pressian.com/pages/articles/115053/

정소영, 양승룡. (2021). 국제옥수수가격과 환율이 국내 사료업체 주가에 미치는 영향 분석. 한국농식품정책학회 2021년 하계학술대회.

조효제. (2013). 먹거리 인권과 먹거리 주권의 시론적 고찰. 민주주의와 인권, 13(2), 267-301.

중앙일보. (2019.9.6.). 국가 재건 땀 흘리는 이라크 티그리스강의 기적 꿈 꾼다.

최정숙, 지선미, 박영희. (2009). 일부 농촌노인의 식품안정성과 사회경제학적 특성, 식생활, 건강상태, 영양소 섭취와의 관련성. 한국지역사회생활과학회지, 20(1), 19-32.

한국농어촌공사 홈페이지. (2022). http://www.ekr.or.kr/

한국농촌경제연구원(KREI). (각 년도). 해외곡물시장 동향. 한국농촌경제연구원.

한국복지패널조사 조사자료 및 유저가이드. (2012~2015). https://www.koweps.re.kr:442/main.do/

황영모, 신동훈, 배균기. (2015). 푸드플랜 시대, 지역단위 푸드플랜의 방향과 전략. 이슈브리핑(전북연구원), 145.

Bharracharya, Jayanta, Janet Currie, & Steven Haider. (2004). Poverty, Food Insecurity, and Nutritional Outcomes in Children and Adults. Journal of Health Economics, 23, 839-862.

Bickel G., Nord M., Price C, Hamilton WL, and Cook J. (2000). Measuring Food Security in the United States: Guide to Measuring Household Food Security. Office of Analysis, Nutrition, and Evaluation, Food and Nutrition Service, U.S. Department of Agriculture.

Clay, E. J., Chambers, R., Singer, H., & Lipton, M. (1981). Food policy issues in low-income countries. World Bank Staff Working Paper, 473. Washington,

DC: World Bank.

Coleman-Jensen, A., Rabbit, M. P., Gregory, C. A. & Singh, A. (2014). Household Food Security in the United States in 2014. USDA-ERS Economic Research Report, 194

De Marco, M., & Thorburn, S. (2009). The Relationship between Income and Food Insecurity among Oregon Residents: Does Social Support Matter?. Public health nutrition, 12(11), 2104-2112.

Ericksen, P. J. (2008). Conceptualizing food systems for global environmental change research. Global environmental change, 18(1), 234-245.

FAO. (2022). https://www.fao.org/

Frankenberger, T.R., & M.K. McCaston. (1998). The Household Livelihood Security Concept. Food Nutrition and Agriculture-fao.org, 22, 30-33.

Hamilton, W., J. Cook, W. Thompson, L. Buron, E. Frongillo, C. Olson, & C. Wehler. (1997). Household Food Security in the US in 1995: Summary Report of the Food Security Measurement Project. FCS/USDA. Washington DC.

International Food Policy Research Institute(IFPRI). (2022). https://www.ifpri.org/

International Grains Council. (2022). https://www.igc.int/

International Monetary Fund(IMF). (2022). https://www.imf.org/en/Home/

Macrotrends. (2022). http://www.macrotrends.net/

Maxwell, Simon, & Marisol Smith. (1992). Household Food Security: Concepts, Indicator, Measurements. Development Research Commuication and Services Center(DRCSC), India, West Bengal.

Pinstrup-Andersen, P. (2009). Food security: definition and measurement. Food security, 1(1), 5-7.

Rose, D. (1999). Economic Determinants and Dietary Consequences of Food

Insecurity in the United States. The Journal of Nutrition, 129(2), 517S-520S.

Swift, J. J. (1989). Why Are Rural People Vulnerable to Famine?. IDS Bulletin, 20(2), 8-15.

The Economist Impact. (2022). https://impact.economist.com/sustainability/project/food-security-index/

The United Nations' Intergovernmental Panel on Climate Change's (IPCC). (2019). Special Report on Climate Change and Land(SRCCL). UN IPCC. https://www.ipcc.ch/srccl/

UN Department of Economic and Social Affairs Population Division. (2022). https://www.un.org/en/desa/

UNCTAD. (2022). https://unctad.org/

USDA Economic Research Service(ERS). (2022). https://www.ers.usda.gov/

USDA WASDE Report. (2022). https://www.usda.gov/oce/commodity/wasde/

World Bank. (2015). The Economic Impact of Ebola on Sub-saharan Africa: Updated Estimates for 2015. Washington, DC: World Bank.

Yang, S. R., & Kim, W. (2014). Development of a Consistent Food Security Index for Early Warning Systems. Journal of Rural Development/Nongchon-Gyeongje, 37(2), 107-127.

찾아보기

저자 소개

양승룡

미국 퍼듀대학교에서 박사학위를 취득하고, 1996년부터 고려대학교 식품자원경제학과 교수로 재직 중이다. 농산물 유통과 무역, 가격분석, 상품선물 및 옵션 등 먹는 문제에 대해 주로 연구하고 강의한다. 심각한 기후변화로 인한 식량 문제, 인공지능의 역습, 독재정권의 대두와 정치의 붕괴로 인류가 2100년 되기 전에 종말을 맞을 것을 걱정하고 있다.

김원용

고려대학교 식품자원경제학과에서 '가구식량안보지수를 통한 식량 접근성 취약가구 실태분석 연구'로 박사학위를 취득했다. 2014년부터 식품안전정보원에서 근무하며, 현재 법규제연구부장으로 식품안전 정책연구를 수행하고 있다. 항상 식량안보 강국의 꿈을 꾼다.

이춘수

고려대학교 식품자원경제학과에서 경제학 박사학위를 취득하고, 2019년부터 순천대학교 농업경제학과에서 농업경영, 농산물 유통 및 가격에 관한 연구와 강의를 하고 있다. 식량안보와 관련하여 '칼로리와 영양 균형을 고려한 식량 공급 전략', '기후변화 대응 식량안보를 위한 지불의사' 등의 연구를 수행한 바 있다.

김태화

고려대학교에서 경제학 박사학위를 취득하고, 2022년부터 국립공주대학교 지역사회개발학과에서 농어촌지역개발, 지역경제분석 및 정책평가, 농업·농촌 분야 국제개발협력에 관한 연구와 강의를 하고 있다.

김상덕

고려대학교 식품자원경제학과에서 경제학 박사학위를 취득했다. 서울특별시농수산식품공사에서 근무했고, 2018년부터 농협경제연구소에 재직 중이다. 주요 연구 대상은 농산물 유통 분야이다.

김건아

고려대학교 식품자원경제학과에서 박사과정을 수료하였고 현재 단국대학교 환경자원경제학과에서 계량경제학과 환경경제학을 강의하고 있다. 고려대학교에서 개발한 국가식량안보지수(NFSI) 운영에 참여하고 있으며, 농업의 다원적 기능에 관한 연구를 수행하였다.

전기석

고려대학교 식품자원경제학과에서 경제학 석사학위를 취득하였다. 우리나라 식량안보의 초록빛 미래를 꿈꾸며 국산 밀 자급률 제고 방안에 대해 고민하고 있다. 그 외에 농산물 유통과 농가소득 문제에 관심이 있다. 현재 국가식량안보지수(NFSI)를 이용한 식량안보 리포트를 담당하고 있다.

애그플레이션 시대의 식량안보

초판발행 2023년 7월 5일

지은이 양승룡 · 김원용 · 이춘수 · 김태화 · 김상덕 · 김건아 · 전기석

펴낸이 오판근
펴낸곳 (주) 교우
주 소 서울시 동대문구 약령시로 8 교우빌딩 2층 (주)교우
전 화 02-925-2861 / 팩 스 070-7966-8610, 편집부 02-925-2825
홈페이지&북스토어 www.kyowoo.co.kr / 이메일 kyowoo@kyowoo.co.kr

등 록 1994년 3월 24일 제1994-000013호
ISBN 979-11-251-0375-2 (93300)

Published by Kyowoo Co., Ltd. Printed in Korea

(주) 교우는 보다 혁신적이고 참신한 도서를 다양하게 기획하고 있습니다.
책으로 펴내고자 하는 아이디어나 원고는 메일로 보내주세요.
(주) 교우는 전과정을 책임지고 최선을 다하겠습니다.

값 15,000원

교우미디어는 (주) 교우의 Imprint 사입니다.
수학정원·과학정원은 (주) 교우의 새로운 브랜드명입니다.

잘못된 책은 구입하신 서점에서 교환해 드립니다.